Königs Erläuterungen und Materialien
Band 165

Erläuterungen zu Albert Camus "Die Pest"

Der Mythos von Sisyphos
Der Mensch in der Revolte

Von Dr. Edgar Neis

5. Neubearbeitete, erweiterte Auflage

C. Bange Verlag - Hollfeld/Ofr.

Herausgegeben von
Peter Beyersdorf, Gerd Eversberg und Reiner Poppe

ISBN 3-8044-0202-X
5. neubearbeitete Auflage 1977
© by C. Bange Verlag - 8601 Hollfeld
Alle Rechte vorbehalten
Druck: Lorenz Ellwanger, Bayreuth, Maxstraße 58

INHALTSÜBERSICHT

Albert Camus' Leben und Werk 4
Kurze Inhaltsangabe des Romans „Die Pest" 7
Quelle und Gestaltwerdung des Romans „Die Pest" 9
Zur Charakteristik der Hauptpersonen 18
Der Roman „Die Pest" — eine Chronik der Seuche 28
„Die Pest" — die Geschichte einer Heimsuchung 31
„Die Pest" — Panorama eines Kollektivschicksals 33
Die Wendung zum gemeinschaftsbezogenen Denken 37
Camus' Humanismus 40
Kernstellen aus dem Roman „Die Pest" 42
Camus' Roman „Die Pest" im Urteil der Literaturkritik . . . 49

Der Mythos von Sisyphos

Albert Camus: Sisyphos — der Held des Absurden 60
Der Begriff des Absurden 62
Stimmen zum „Mythos von Sisyphos" 65
Sisyphos und Rieux 69
Hans Magnus Enzensberger: Anweisung an Sisyphos 71
Der Mensch in der Revolte 71
Stimmen zu der Essaysammlung „Der Mensch in der Revolte" 74
Gegen die Diktatur — Für die Freiheit 78
Vorschläge für Aufsatzthemen 80
Verzeichnis der Literatur und Nachweis der Zitate 82

ALBERT CAMUS' LEBEN UND WERK

Albert Camus wurde am 7. 11. 1913 als Sohn eines Handwerkers, der in der Marneschlacht fiel, in Mondovi in Algerien geboren. Nach dem Tode ihres Mannes zog Albert Camus' Mutter nach Algier, wo sie notdürftig ihre Kinder und sich selber durchbrachte. Frühzeitig lernte Albert Camus schon die Not und den Ernst des Lebens kennen. Aber auch die Probleme, die sich aus dem Zusammenleben von Arabern und Europäern, Farbigen und Weißen in dem Schmelztiegel Algier ergaben, prägten sich in die empfindsame kindliche Seele ein. Nach dem Besuch der Elementar- und Realschule begann Albert Camus Philosophie zu studieren. Wegen seiner Kritik an der sozialen Lage in Algier wurde er 1940 aus seiner Heimat ausgewiesen. Er ging als Zeitungsberichterstatter nach Paris, war für den „Paris Soir" tätig und gründete dann als Mitglied der Résistance während der Besetzung Frankreichs durch die Deutschen die Zeitschrift „Combat". Später wurde er Direktor des Verlages Gallimard. Auf tragische und „absurde" Weise kam er am 4. 1. 1960 bei einem Autounfall ums Leben: er hatte die Rückfahrkarte für die Eisenbahn in der Tasche. sich aber in letzter Minute entschlossen, mit einem Wagen, den sein Verleger Gallimard steuerte, nach Paris zu fahren. Er starb als ein Sechsundvierzigjähriger; zwei Jahre vorher hatte er bereits den Nobelpreis erhalten ...

Albert Camus repräsentiert eine neue Richtung der Literatur, die sich aus der Kriegs- und Nachkriegszeit ergab; den Nobelpreis erhielt er, weil er „mit klarsichtigem Ernst die Probleme des menschlichen Gewissens in unserer Zeit beleuchtet." Er ist ein zeitkritischer philosophischer Dichter, der in seinen Werken den verlassenen, hilf- und hoffnungslosen und den gottfernen Menschen in der absurden Welt unseres Jahrhunderts darstellt und die Sinnlosigkeit vieler Geschehnisse dieser Welt aufzeigt. Insofern ist Camus Existenzialist und Nihilist. Aber er kommt zu einer Überwindung des Nihilismus. Er ist, wie J. L. Brown sagt, eine „doppelgesichtige Persönlichkeit". Als Philosoph ist er negativ eingestellt und leugnet alle Werte, als tätiger Mann kämpft er für Gerechtigkeit, Sauberkeit, Ordnung und für ein besseres Leben aller Menschen. Camus will einreißen, um neu wieder aufzubauen. „Man kann nicht bei der Überzeugung bleiben, daß die Welt eine absurde Einrichtung sei", hat er einmal gesagt. Diese

Sätze beziehen sich auf seinen Versuch über das Absurde, der den Titel „Der Mythos von Sisyphos" (1942) trägt. Dieser Essay befaßt sich mit dem Problem der Absurdität und kommt zu dem Ergebnis, daß trotz der scheinbaren Sinnlosigkeit des Lebens der auf sich selber zurückgeworfene Mensch durchhalten und das Leben bestehen müsse. Dieses „Dennoch" gegenüber dem Widersinnigen bestimmt die Haltung und das Handeln der Hauptperson in Camus' erster Erzählung „Der Fremde" (1943). In dem weltberühmten Symbolroman „Die Pest" (1947), der in dem Gleichnis vom Kollektivschicksal der algerischen Stadt Oran, die im zwanzigsten Jahrhundert von der Pest heimgesucht wird, magischrealistisch die apokalyptischen Schrecken der modernen Welt spiegelt, erfährt Camus' konstruktiver Pessimismus eine Wendung zum Positiven. Das zeigt sich vor allem in der aufopfernden Arbeit des Arztes Dr. Rieux, der den Menschen helfen und sie heilen will, weil er das Leiden und den Tod der vielen Unschuldigen nicht ertragen kann und als sinnlos ansieht. Eine Bühnenfassung dieses Werkes unter dem Titel „Belagerungszustand" (1948) stellt die Pest als eine alle Menschen versklavende totalitäre Macht dar, die ihre Grenze findet, wenn ein einzelner die Angst vor ihr überwindet und sich opfert. Ein weiteres Bühnenwerk des Dichters ist „Das Mißverständnis", das in drastischer Weise die Absurdität und Sinnlosigkeit des Daseins und alles menschlichen Tuns darstellt: eine Mutter und ihre Tochter, Besitzer einer kleinen Pension, töten und berauben, wie schon öfters, einen Gast des Hauses, den sie dann erst als den heimgekehrten Sohn und Bruder erkennen. Mutter und Tochter begehen daraufhin Selbstmord. Mit seinen oft allzu sehr konstruierten und exaltierten Bühnenwerken, so auch mit dem Drama „Die Gerechten" (1949), hatte Camus eine weniger glückliche Hand. Am bühnenwirksamsten und eindruckvollsten ist noch die Römertragödie „Caligula" (1944), die in der Gestalt des größenwahnsinnigen Cäsaren mit seiner grausamtyrannischen Lust, „das Unmögliche zu wollen", dem absoluten Nihilismus verfällt. Ohne Zweifel hatte Camus die Gestalt Adolf Hitlers vor Augen, als er dieses Drama schrieb. Das Interesse an dem Problem der Revolution und an der Besserung sozialer Zustände ließ Camus eine Bühnenbearbeitung des Romans von Dostojewskij „Die Dämonen" (1959) versuchen. Bedeutender als seine dramatischen Werke sind die Prosadichtungen und Essays des Dichters. Die Sammlung „Der Mensch in der Revolte" (1952) setzt sich mit Denkern wie Hegel, Marx, Nietzsche, mit dem Marxismus und dem Christentum auseinander und stellt die Frage nach der Möglichkeit der Überwindung des Nihilismus: „Die Welt an sich", sagt Camus: „hat keinen Sinn; erst der handelnde Mensch verleiht ihn ihr, indem er für die Geknechteten und Entrechteten eintritt." Damit anerkennt Camus aber die Bedeutung und Überlegenheit des Menschen über die tote Materie und bejaht somit die Herrschaft des Geistes in der Welt: er ist also in keiner Weise mehr als ein absoluter Nihilist und Pessimist zu bezeichnen, sondern erhob sich zu einer umfassenderen, auf das Totale und Transzendentale gerichteten Weltschau. Tatsächlich griff Jean-Paul Sartre Albert Camus wegen dieser Wandlung seiner Gesinnung an und warf ihm antikommunistische und christliche Tendenzen vor. Camus bekräftigte seine Auffassung daraufhin in seinem letzten bedeutenden Roman „Der Fall", der die selbstentlarvend-ironische Beichte eines „Büßers" darstellt und christlichem Gedankengut sich öffnet. Das Werk zeigt, daß Camus eine Wandlung durchzumachen begann und zu neuen Ufern vorstoßen wollte. Sein plötzlicher Tod setzte seinen Bestrebungen ein allzu frühes Ende. Camus war ein reiner und edler Mensch. Selbst da, wo seine revolutionären Ideen noch unfertig oder allzu kraß waren, entsprangen sie lauteren Motiven: es ging Camus immer darum, die Kräfte und Mächte zu bekämpfen, die die Souveränität des Menschen bedrohen und ihn in seiner Handlungsfreiheit einengen wollen. Er sah es als seine Aufgabe an, den Menschen die Gefahren zu zeigen, vor denen sie stehen und die sie überwältigen können und ihnen Wege zu weisen, durch die sie dieser Gefahren Herr werden können. Was Camus dazu trieb, war nichts anderes als die Liebe zum Menschen schlechthin, an dem es nach einem Wort des Dichters mehr zu bewundern als zu verachten gibt.

KURZE INHALTSANGABE DES ROMANS „DIE PEST"

Am Morgen des 16. April tritt der Arzt Bernard Rieux aus seiner in der nordafrikanischen Stadt Oran gelegenen Wohnung und stolpert mitten im Flur über eine sterbende Ratte. In den nächsten Tagen werden immer mehr sterbende oder tote Ratten in Oran gefunden; als die Rattenepidemie ihren Höhepunkt erreicht hat, erkrankt der Hauswart von Dr. Rieux an einem gefährlichen Fieber. Ähnliche Fälle treten auf, mehren sich. Schließlich fällt eines Tages das schreckliche Wort: es ist die Pest. Vorläufig bleibt sie noch mit allen ihren Konsequenzen abstrakt, unwirklich und wie hinter Glas. „Aber wenn die Abstraktion anfängt, einen zu töten, dann muß man sich wohl oder übel mit ihr beschäftigen." Eine Gesundheitskommission wird einberufen, die ersten einschneidenden Maßnahmen werden getroffen, die Stadt wird unter Quarantäne gestellt, die Tore der Stadt werden geschlossen. Da die Stadt Oran nun völlig isoliert ist, betrifft die Pest alle in ihr, auch die, die sie verschont. Jean Tarrou schreibt die Ereignisse der Pestzeit in einer Chronik nieder. Raymond Rambert, Journalist, zufällig in der Stadt festgehalten, versucht auf verschiedene Weise, aus der Stadt zu entkommen. Es gelingt ihm aber nicht. Der Angestellte Grand scheint gegen die Pestpanik gefeit zu sein; er schreibt an einem Roman, dessen ersten Satz er immer wieder ändert. Alles andere interessiert ihn nicht. Sein Nachbar Cottard, den er an einem Selbstmordversuch gehindert hat, ist der einzige, der die neue Lage begrüßt. Ohne den Ausnahmezustand würde er wegen irgend einer alten Geschichte verhaftet werden, aber jetzt denkt niemand daran. Jeder hat andere Sorgen und muß zusehen, wie er überleben kann. Die Zahl der Todesfälle steigt unaufhörlich und schließlich sprunghaft an. Der Arzt Rieux arbeitet bis zur Erschöpfung. Obwohl er weiß, daß die Pest nur eine „endlose Niederlage" für seine ärztliche Kunst bedeutet, arbeitet er verbissen; wenn auch das Resultat seiner Arbeit entmutigend ist, so ist es doch wichtig, daß überhaupt etwas getan wird. Schon die bloße Auflehnung gegen das alle betreffende Verhängnis ist wesentlich. Immer mehr Menschen sterben; immer mehr Menschen werden von der Pest befallen; das gesamte öffentliche Leben erlischt; Todesschatten liegen über der Stadt; keiner wagt mehr mit dem anderen zu verkehren.

Der Jesuitenpater Paneloux ruft in einer Predigt zur Buße auf; er sieht in der Pest die wohlverdiente Strafe Gottes für die bisherige Gleichgültigkeit und Vermessenheit der Menschen, die alle trifft, gleich, ob sie schuldig oder unschuldig sind.

An dem erkrankten Kind des Richters Othon soll ein neues Serum, das Rieux hat kommen lassen, erprobt werden; das Kind aber stirbt unter qualvollen Schmerzen. Rieux und Pater Paneloux weilen an seinem Sterbelager. Beide, obwohl sie eine konträre Auffassung vom Sinn des Leidens haben, reichen sich die Hand: „Wir arbeiten miteinander für etwas, das uns jenseits von Lästerung und Gebet vereint. Das allein ist wichtig. Wir arbeiten beide für das Wohl der Menschen und hassen den Tod und das Böse. Wir stehen zusammen, um beides zu erleiden und zu bekämpfen. Nun kann Gott selber uns nicht scheiden." Kurz darauf hält Pater Paneloux seine zweite Predigt. Die Kirche ist nicht mehr so gut besucht; durch die Lage begünstigt, hat sich viel Aberglaube breitgemacht. Paneloux sagt nicht mehr „ihr", sondern „wir". Er spricht von der Unbegreiflichkeit des Verhängnisses; der Widersinnigkeit des Leidens, wenn unschuldige Kinder betroffen werden und qualvoll sterben müssen, Schuldige aber verschont bleiben. Da bleibe nur der Glaube; die Liebe zu Gott sei eine schwierige Liebe; sie setze völlige Selbstaufgabe und Selbstverleugnung voraus; es sei unmöglich, Gottes Wille und Entscheidungen zu verstehen; man könne sie nur wollen. Wenige Tage nach seiner Predigt erkrankt Paneloux selbst und stirbt.

Richter Othon wird aus dem Quarantänelager entlassen. Er meldet sich zur Arbeit bei der Lagerverwaltung und begehrt um seines verstorbenen Kindes willen Einsatz bei den Pestkranken. Auch ihn verschont die Pest nicht.

Zu Weihnachten erkrankt Grand, der über den ersten Satz seines Romans noch nicht hinausgekommen ist. Er hat eine gefährliche Form der Pest, aber er übersteht sie. Nach wenigen Tagen tauchen die Ratten wieder auf, diesmal zeigen sie sich lebendig und munter. Die Zahl der Todesfälle beginnt zu sinken, neue Erkrankungen werden nicht mehr gemeldet. Die nächste Wochenstatistik verzeichnet das Erlöschen der Seuche. Der Ausnahmezustand wird aufgehoben. Aber wenige Tage vor der Öffnung der Tore stirbt noch Tarrou unter Rieux Händen. Und kurz darauf erhält Rieux die Nachricht, daß seine Frau, die fern der Stadt im Gebirge in einem Sanatorium weilte und mit der Pest gar nicht in Berührung gekommen war, gestorben sei.

Schließlich werden die Tore der Stadt wieder geöffnet. Glocken läuten, Dankgottesdienste werden gehalten, die Kaffeehäuser und Vergnügungsstätten sind überfüllt. Es ist, als ob man das seit Monaten erstarrte und unterbundene Leben nun doppelt nachholen will. Familienangehörige finden sich wieder oder sehen, eben zurückgekehrt, in leeren Häusern die Bestätigung ihrer schlimmen Vermutung. Der Haftbefehl gegen Cottard tritt wieder in Kraft; als er verhaftet wird, verliert er den Verstand und schießt blindlings in die Menge; er wird überwältigt und abgeführt. Rieux geht durch die Stadt, die sich im Freudentaumel befindet. Er sieht, wie vergeßlich die Menschen sind; kaum daß das Unheil vorbei ist, fallen sie in ihre alten Gewohnheiten und Fehler zurück und tun so, als ob nichts geschehen wäre. Aber er weiß, daß diese Sorglosigkeit und Fröhlichkeit ständig bedroht bleibt, daß der Pestbazillus niemals ausstirbt oder verschwindet, daß die Pest jederzeit zum Unglück und zur Belehrung der Menschen ihre Ratten wieder aussenden kann und daß auch dann dem Menschen wieder nichts anderes zu tun übrig bleibt, als mutig und nüchtern seine Pflicht zu tun, zu dienen, zu helfen, zu heilen, wo es nur möglich ist, und selbst, wenn er von der Vergeblichkeit seines Tuns überzeugt ist.

QUELLE UND GESTALTWERDUNG DES ROMANS „DIE PEST"

In dem wenig bekannten Essayband „Le Theatre et son double" von Antonin Artaud, einem ziemlich esoterischen Schriftsteller, fand Camus das alte Symbol der Pest in einer Art verwendet, die seiner Betrachtungsweise entsprach. Es erinnerte ihn an die doppelte Symbolik, die ihm in Melvilles Werken, insbesondere seinem Lieblingsbuch Moby Dick, eine große ästhetische Befriedigung gewährt hatte. Für Artaud ist die Pest die konkrete Entsprechung einer geistigen, sowohl individuellen als kollektiven Krankheit. Nach einem längeren Zitat aus Chroniken schließt Artaud: „So scheint die Pest an bestimmten Orten aufzutauchen und dabei die Körperteile und die Stätten im Raum vorzuziehen, wo Wille, Bewußtsein und Denken der Menschen angesiedelt sind und wahrscheinlich in Erscheinung treten... Wenn wir bereit sind, dieses geistige Bild der Pest anzunehmen, werden wir die an ihrem Opfer auftretenden physischen Beschwerden als die konkrete Äußerung einer Störung betrachten, die in anderen Bereichen den von äußeren Ereignissen bewirkten Konflikten, Kämpfen, Katastrophen und Zusammenbrüchen entspricht... Und... Wir können feststellen, daß äußere Ereignisse, politische Konflikte oder Naturkatastrophen... mit der Gewalt einer Seuche auf die Empfindsamkeit des Zuschauers wirken." Von welchem Gesichtspunkt aus wir es auch immer betrachten — vom Individuellen, Politischen, Sozialen oder Metaphysischen —, so verwendet stellt das Symbol der Pest eine direkte Verbindung her zwischen dem Bösen und einer Lähmung unseres Gewissens, unseres Verstandes und unseres Willens.

Trotz eingehender Quellenforschung fiel es Camus nicht leicht, aus diesem vieldeutigen, kraftvollen Symbol den Roman herauszuschälen, der ihm vorschwebte. Die Schwierigkeit lag nicht so sehr an der allgemeinen kollektiven Bewegung der Pest — ihr Auftreten, ihr kurzer Kampf mit einer schläfrigen, abstrakten Verwaltung, die unfähig ist, mit einem so konkreten Übel fertigzuwerden, ihre Verwandlung aus einem Eindringling in eine allgegenwärtige Regierungsform —, sondern in der Aufgabe, Gestalten zu schaffen, die Stellung zur Pest beziehen, die Hauptthemen des Romans verkörpern und ihm die Bedeutung des Symbolhaften verleihen konnten. In den Aufzeichnungen tauchen nach der Niederkunft der Hauptthemen langsam Dr. Rieux und Pater Paneloux, Tarrou, Grand, Cottard und schließlich auch Rambert auf: sie sind Stimmen und Haltungen, ehe sie zu Individuen werden, und doch unterscheidet sich jeder deutlich von den anderen durch eine besondere Art des Empfindens, die in seinem Leiden zum Ausdruck kommt. Im Hintergrund steht die schweigende Gestalt von Dr. Rieux Mutter. In seinen Notizen legt Camus ihrer Gegenwart mehr Gewicht bei als ihre Rolle im Roman zu erfordern scheint, aber sie ist mit den Hauptfiguren, ihrem Sohn und dessen Freund Tarrou, mit deren Augen wir die Geschichte erleben, eng verbunden. Madame Rieux' unauffällige Gegenwart im Leben ihres Sohnes während der ganzen Epidemie und an Tarrous Sterbebett ist in ihrer Abgeklärtheit viel unbesiegbarer als die Selbstherrlichkeit der Krankheit. Mit ihr führt Camus eine für den Roman wesentliche menschliche Perspektive ein, die keine der anderen Figuren im gleichen Maß vermittelt.

Von allen Personen dieses Romans ist **Dr. Rieux** in gewisser Hinsicht die einfachste. Er hat sein Leben dem Kampf gegen Krankheit und Tod geweiht, die Pest ist nur eine besonders augenfällige Erscheinung seines täglichen Feindes, der menschlichen Sterblichkeit. Rieux weiß um die Hoffnungslosigkeit seines Bemühens, die Epidemie betont sie nur: als Arzt kann er die Diagnose stellen, nicht heilen. Was er jedoch seinen Mitmenschen gewöhnlich schenken kann, nämlich Hoffnung und vorübergehende Linderung des Schmerzes, wird ihm von der Pest entrissen. Seine Moral ist klar: ein Arzt bekämpft die Krankheit, und damit man eine Krankheit bekämpfen kann, muß man sie zuerst erkennen. Wie sein Freund Dr. Castel ist er sich sehr schnell der Folgen bewußt, die Orans Lage mit sich bringen wird, und ohne Illusionen erfüllt er seine Pflicht bis zum Äußersten. Er gehört zu den zwei oder drei Menschen, die sofort merken, daß die in Oran auftretende Krankheit ungewöhnlich ist und mit ungewöhnlichen Mitteln bekämpft werden muß. Er betrachtet die Lage mit dem gleichen furchtlosen Blick wie seine Mutter Aber in der Zwischenzeit stirbt seine eigene Frau in einem Sanatorium an Tuberkulose, allein und ohne an seinem Kampf teilzuhaben. Als sie zu Beginn des Buches abreist, ahnen wir noch vor dem Ausbruch der Pest, daß Rieux eine Dimension des Lebens aus der Hand gleiten lassen, nämlich die persönliche, alles umfassende Liebe, die zwei Menschen aneinander schmiedet. Er überlebt die Krankheit, aber allein. Während er in der Nacht, da die Tore Orans sich endlich öffnen, die freudetrunkene Menge beobachtet, wird ihm klar, daß er stets der Gefangene der Pest bleiben wird. Für ihn ist die Pest im wesentlichen das klare innere Bewußtsein der Zufälligkeit und Flüchtigkeit des Daseins, ein Bewußtsein, aus dem alle metaphysische Qual entspringt. Gerade diese Qual ist in Camus' Augen eines der Kennzeichen unserer Zeit.

Tarrou erlebt diese Angst auf konkretere Art. Die materielle, sichtbare Substanz der Welt beschäftigt ihn vielmehr als Rieux. Sein Tagebuch vermittelt uns die sinnliche und physische Beschreibung der Stadt und ihrer Bewohner wie auch das Gefühl für die Veränderungen, die in der Atmosphäre, dem Rhythmus und der äußeren Erscheinung Orans stattfinden. Tarrous eigenes inneres Abenteuer hatte lange vor seiner Ankunft in Oran begonnen, nämlich als er (wie der junge Albert Camus) gewahr wurde, daß Menschen andere Menschen zum Tode verurteilen; in seinem Fall war der Vater Staatsanwalt, und die Erschütterung über diese Entdeckung warf Tarrou aus der normalen Bahn des

Menschen. Er verließ sein Zuhause, den Vater, den er nicht länger zu ertragen vermochte, die Mutter, die er liebte. Er brach alle Brücken ab zu einer Gesellschaft, die er verdammte, weil sie im Namen der Gerechtigkeit kaltblütig mordete. Er fühlte, daß er seine Mitmenschen nie würde richten können. Als er versuchte, in revolutionären politischen Bewegungen für soziale Reformen zu wirken, merkte er, daß diese Form des Handelns ihn wiederum zum Zeugen der Hinrichtung von Menschen im Namen der Gerechtigkeit machte. Da erkannte er, daß keine Doktrin wert ist, daß man für Sie tötet, denn „meine Sache war das Loch in der Brust", sagt er im Gedanken an den Erschossenen. Als Tarrou sich vor dem Auftauchen der Pest in Oran niederließ, verzichtete er auf alles Handeln und schien durch Beobachtung und Meditation den Weg zur selbstlosen Reinheit eines Heiligen zu suchen; er begehrte keinen Teil am Bösen zu haben. Während der Pestzeit wird er zum Anführer der Freiwilligengruppen im Kampf gegen die Krankheit, die zum Schluß sein eigenes Leben fordert.

Im Gegensatz zu Rieux vermag Tarrou sich nicht mit der Wirklichkeit der metaphysischen conditio des Menschen abzufinden und kann auch nicht hinnehmen, daß der Mensch an ihren grausamen Bräuchen teilnimmt. Vielleicht ist er tiefer als Rieux im eigentlichen Lebensquell, seiner Empfindsamkeit, getroffen. Er fühlt das gleiche Erbarmen, das aus Madame Rieux Augen spricht, doch ist ihm die damit einhergehende geistige Abgeklärtheit fremd. Tarrou verzeichnet in seinem Tagebuch gewissenhaft das Verhalten zweier alter Männer, die er beobachtet: der eine erscheint jeden Tag zur gleichen Zeit auf dem Balkon seines Zimmers, lockt die Katzen im Hof unter sein Fenster und spuckt dann kräftig auf sie herunter; der andere, ein asthmatischer Patient von Dr. Rieux, verbringt seine Zeit im Bett und zählt als wahres menschliches Stundenglas Kichererbsen von einem Gefäß in ein anderes. Das Leben des einen wird von der Pest vollkommen durcheinander gebracht, da die Katzen verschwinden. Der andere überlebt triumphierend und ungerührt. In seiner wesenhaften Absurdität empfindet der erstere das Bedürfnis, eine Beziehung zu einem Lebewesen herzustellen; der letztere reduziert das Leben auf einen völlig primitiven und gleichgültigen Automatismus. Tarrou fragt sich, ob dieser Mann ein Heiliger sei, und wir erkennen, daß der Unterschied zwischen Tarrou und Dr. Rieux in Tarrous Bemühen liegt, sich von allem Bösen zu läutern und sein Menschsein zu überwinden

Camus auferlegt Rieux und Tarrou die Bürde einer vollen Erkenntnis des Wesens und der Bedeutung der Pest; aber ihnen schenkt er auch den einzigen reichen Augenblick des Entrinnens. Eines Nachts lassen Rieux und Tarrou die verpestete Stadt hinter sich und gehen baden. Der menschliche Alptraum verfliegt; die Freude und Schönheit des Lebens durchfluten ihr ganzes Sein, während sie Seite an Seite im Meer schwimmen. Für ein paar kurze Augenblicke treten sie, befreit von ihrer unaufhörlichen Beschäftigung mit dem Leiden der Menschen, befreit auch von den Gefängnismauern, die die Pest rings um sie errichtet hat, hinaus in die Weite des Meeres und der Nacht. Für Rieux und Tarrou ist die Pest in erster Linie und vor allem eine gewisse metaphysische und geistige Lebensanschauung, ein Teil ihrer selbst, der, wenn sie ihm freien Lauf lassen, den Sinn für das Einssein mit den anderen, das Gefühl der Harmonie mit der Erde, die physische Freiheit und Freude — das Leben selbst — überwältigt und vernichtet.

Rambert und Grand, zwei Verbündete von Rieux und Tarrou in ihrem Kampf gegen die Pest, sind geistig weniger stark engagiert. Rambert, dem Journalisten, geht es nicht um Verstehen, um Leben. Er ist ein körperlich robuster und charakterlich großzügiger Mann, er hat vor seiner Ankunft in Oran herausgefunden, daß das einzige Heilmittel gegen die Angst der Menschen die Liebe ist und das damit verbundene Glück. Für Ideologien hat er keine Verwendung. Er hat im spanischen Bürgerkrieg gekämpft und weiß, wie mörderisch Heldentum selbst in der besten Sache sein kann. Er befindet sich zufällig in Oran weil er einen Auftrag seiner Zeitung ausführt — eine Erinnerung an eine wenige Jahre zuvor Camus gestellte Aufgabe —, und hat durchaus nicht das Gefühl, zu der Stadt zu gehören. Die Frau, die er liebt, ist in Europa, und Rambert begehrt nichts anderes, als dort mit ihr vereint zu leben Mehr als Rieux oder Tarrou verkörpert er das Grundthema des Buches: das Leiden, das die Pest verursacht, indem sie alle, die sich bewußt oder unbewußt lieben, trennt und vereinzelt. Ob die Trennung nun vorübergehend ist wie in Ramberts Fall oder endgültig wie für Richter Othon und seinen Sohn — sie zerstört Hoffnung und Freude, den Sinn für die Dauer, den Glauben an die Zukunft, den Wert des menschlichen Lebens. Ramberts Bemühungen, aus der verriegelten Stadt zu fliehen, erweisen sich als fruchtlos, aber dabei wird ihm klar, daß er, der den Wert des Glückes kennt, der Pest nicht erlauben darf, rings um ihn zu herrschen. Als er am Schluß des Buches auf dem Bahnsteig die schlanke Gestalt der geliebten Frau umarmt, ist er im Gegensatz zu Rieux eins mit der Menge. Für alle diese Menschen bedeutet das Leben im wesentlichen das, was die Pest vernichtet, das heißt die Freiheit, zu lieben und zu leben, als ob Liebe und Liebende ewig währten: „Wenn es etwas gibt, das man immer ersehnen und manchmal auch erhalten kann, so ist es die liebevolle Verbundenheit mit einem Menschen."

Grand hat die Liebe, die Rambert so teuer ist, verloren, weil er sie nicht vor der Tretmühle des Alltags zu retten wußte. Als kleiner Angestellter in der Stadtverwaltung unternahm er statt dessen, einen vollkommenen Roman zu schreiben. Obwohl er nach jahrelanger Arbeit noch nicht fähig war, den ersten und einzigen Satz des Buches zu seiner eigenen Zufriedenheit zu gestalten, träumt er davon, daß eines Tages die Verleger ehrfürchtig aufstehen und sagen: „Hut ab, meine Herren!" Es ist dies seine Art, sich gegen die bürokratische Kleinlichkeit seines Lebens aufzulehnen. Die Pest vermehrt alle Kleinkramarbeit, die Grand zu erledigen hat, denn seine Aufgabe ist es, die unzähligen Akten und Statistiken nachzuführen, die Rieux benötigt. Aber Grand verrichtet diese Arbeit mit großer Selbstverständlichkeit: „Da ist die Pest, man muß sich wehren, das ist klar. Ach! Wenn doch alles so einfach wäre!" Grand wird später selber krank, erholt sich jedoch; aber er verbrennt die unzähligen Blätter, auf denen in allen möglichen Abwandlungen sein einer und einziger Satz steht. Was in seinem Herzen wieder lebt, ist die Erinnerung an Jeanne, die Frau, die er liebte und verlor.

Grand und Rambert, die menschlich gereift aus der Pest hervorgehen, sind die ergreifendsten Gestalten des Romans. Rieux, Tarrou. Rambert und Grand bekämpfen die Pest aus verschiedenen Gründen, aber hauptsächlich, weil jeder auf seine Art bereits „verseucht" ist, wie Tarrou zugibt, gewöhnt, mit der Pest zu leben und in seinem persönlichen Leben mehr oder weniger bewußt, doch immer ehrlich, mit ihr fertig zu werden.

In **Pater Paneloux** und in **Cottards** Dasein spielt die Pest indessen eine ganz andere Rolle. Als Rieux zu Beginn des Buches anfängt, seinen Gesundheitsdienst zu organisieren, schickt sich auch die Kirche an, den Bürgern von Oran ihre Tröstungen zu bringen. Pater Paneloux predigt ein erstes Mal vor einer großen Zuhörerschaft. Er behandelt hergebrachte christliche Themen: die Bewohner von Oran haben gesündigt, und Gott schlägt sie, wie er die

Ägypter schlug. Die Heimsuchungen, die sie erleiden, sind eine dankbar hinzunehmende Läuterung, die im Diesseits oder Jenseits zu einer Versöhnung mit Gott führen wird: „Meine Brüder, ihr seid im Unglück, meine Brüder, ihr habt es verdient." Panegeistige Einstellung zur Pest ist grundverschieden von der Rieux'. als seine Pflicht betrachtet, den Leidenden beizustehen. Aber seine geistige Einstellung zur Pest ist grundverschieden von der Rieux. In seinen Augen ist das Leiden der Menschen von Gott gewollt und durch die menschliche Schuld gerechtfertigt. Die Pest stellt ihn vor kein neues Problem bis zu dem Augenblick, da er dem langen, furchtbaren Todeskampf eines kleinen Jungen, des Sohnes von Richter Othon, beiwohnt. Nach diesem Erlebnis vermag er die Verheerung der Pest nicht länger zu rechtfertigen und zieht sich in ein düsteres Meditieren zurück, das ihm dann den Stoff zu seiner zweiten, tragischen Predigt liefert. Paneloux beugt sich vor dem Mysterium des göttlichen Willens und nimmt wie Christus in Gethsemane die Übel der Erde auf sich; mit klarem Bewußtsein leert er den Kelch des Leidens bis zur Neige, nimmt hin, daß Gottes Wille geschehe, und stirbt allein.

Trotz seines Heldentums ist **Pater Paneloux** die einzige Gestalt, für die Dr. Rieux in seiner Menschlichkeit kein Verständnis aufbringt; allerdings gibt auch Paneloux den Versuch auf, verstehen zu wollen: „Meine Brüder, der Augenblick ist gekommen. Es gilt, alles zu glauben oder alles zu leugnen. Und wer unter euch wagte es, alles zu leugnen?" Da er seinen Gott nicht leugnen will, bejaht er den göttlichen Willen. Nach seinem Tod zu schließen, hat er die in seiner unveröffentlichten Abhandlung diskutierte Frage, ob ein Priester einen Arzt zu Rate ziehen dürfe, negativ beantwortet. Aber die Schlußfolgerungen, die die beiden Männer aus ihrer Begegnung mit der Pest ziehen, sind unvereinbar: in Rieux' Augen kann ein Arzt keinen Trost von einem Priester annehmen; in Paneloux' Augen kann ein Priester die Hilfe eines Arztes nicht annehmen, denn der Arzt ist der Feind eines Gottes, der dem Bösen erlaubt, auf dieser Welt zu herrschen. „... da die Weltordnung durch den Tod bestimmt wird, ist es vielleicht besser für Gott, wenn man nicht an ihn glaubt und dafür mit aller Kraft gegen den Tod ankämpft. ." sagt Rieux.

Cottard ist eine zweifelhafte Gestalt. Als Verbrecher fühlt er sich wohl in dem von der Pest heimgesuchten Oran, wo der Tod einen jeden bedroht und er infolgedessen einen Aufschub genießt. Cottard ist ein verurteilter Mann; zuerst versucht er Selbstmord zu

— 15 —

begehen, und zum Schluß wird er von der Polizei niedergeschossen, da er sich weigert, sich zu ergeben, und aufs Geratewohl auf alle Vorübergehenden feuert. Welches auch sein Vergehen gewesen sein mag, er will vor allem seinen Folgen entgehen; Selbstmord ist ihm immer noch lieber, als ein Urteilsspruch. Während die Pest wütet, ist er bemüht, eine Fassade der Ehrbarkeit zu errichten. Tarrou begreift Cottards verborgene Angst und sein Einverständnis mit der Pest sofort, denn sie befreit ihn von jener anderen Form des Übels, der brutalen Gerechtigkeit der Menschen. Die Pest läßt Cottard zumindest eine Chance, einen kleinen Hoffnungsstrahl für die Zukunft, und das ist alles, was er braucht. Cottards verzweifeltem Streben nach Ehrbarkeit, seinen zornigen Bemerkungen über den Meursault-Prozeß, von dem er in der Zeitung liest, und seiner gereizten Ablehnung der Statistiken, die einen Rückzug der Krankheit und infolgedessen das Ende seiner Galgenfrist anzeigen, haftet etwas geradezu Erschütterndes an. Ein paar Kritiker haben Cottard als die Verkörperung des Bösen an sich aufgefaßt, aber das scheint mir eine nicht sehr überzeugende Deutung, wenn man an die bange Menschlichkeit des kleinen Mannes denkt. Im Gegensatz zu Rambert, dem Journalisten, der aus der bedrückenden Atmosphäre der Pest in ein normales Leben zu fliehen sucht, findet Cottard eben gerade in der Beklemmung von Oran Zuflucht vor den Folgen seines vergangenen Lebens.

Camus sucht vor allem diese bedrückende Atmosphäre wiederzugeben: „Ich möchte durch das Mittel der Pest das Gefühl des Erstickens ausdrücken, an dem wir alle litten und die Atmosphäre der Drohung und Verbannung, in der wir lebten. Gleichzeitig will ich meine Deutung auf den Begriff der Existenz im allgemeinen ausdehnen... Die Pest wird ein Bild jener Menschen wiedergeben, deren Los während des Krieges Meditation, Schweigen und seelisches Leiden war," vermerkte er in seinen Aufzeichnungen. Darin versinnbildlicht die Pest, in welchem Zusammenhang wir sie auch betrachten, jede Kraft, die den Menschen systematisch vom Atem des Lebens abschneidet: der physischen Freude, sich frei auf dieser Erde bewegen zu können, der inneren Freude der Liebe, und der Freiheit, unsere Zukunft zu planen. Sehr allgemein ausgedrückt, bedeutet sie den Tod, und in menschlicher Sicht alles, was mit dem Tod im Einvernehmen steht; metaphysische oder politische Systeme, bürokratische Abstraktionen und selbst Tarrous und Peloux Bemühen, über ihr Menschsein hinauszuwachsen. Im Kampf gegen die Pest gibt es weder Helden noch Sieger, sondern nur Menschen, die sich wie Dr. Rieux oder Grand weigern, sich dem Augenschein zu unterwerfen. Wie nutzlos, wie gering auch ihr Tun sein mag, sie beharren darin. Das Warum hat wenig Bedeutung, solange sie Zeugnis ablegen für die Verbundenheit des Menschen mit dem Menschen und nicht mit einer Abstraktion oder einem Absoluten.

Die Hauptgestalten drücken nicht allein die ganze Gewalt dieses Themas aus, sondern es ist in den Roman hineinverwoben, insofern als Rieux die Auswirkungen der Pest auf die Bewohner Orans schildert: Liebesleute und Familien werden im Leben und im Tod auseinander gerissen, zufällig Anwesende von der Pest aus dem Strom menschlichen Fühlens herausgeschwemmt, passive Mitläufer auf die öden Gestade eines kollektiven Schicksals verbannt. Es bedeutet eine Verstümmelung der Hauptgestalten, wollte man sie aus dem kollektiven Leben von Oran herauslösen; wenn wir sie nur in Bezug auf Schicksal untersuchen, verliert der Roman eine wesentliche Dimension und wird beinahe ausschließlich zur Allegorie. In seiner Gesamtheit betrachtet, vermittelt La Peste eine zutiefst erlebte, persönliche Erfahrung, die Camus auf keine andere Art ausdrücken konnte. Camus hat von dem Roman als einem Bekenntnis gesprochen — Dr. Rieux nennt seine Chronik ein Zeugnis. Das Bekenntnis führt uns geradewegs zu Camus' Hauptanliegen zurück; seinem Bedürfnis, die grundlegenden Probleme des Lebens neu zu durchdenken. Die Kriegsjahre hatten scheinbar den handgreiflichen Beweis für das erbracht, was Camus in le Mythe de Sisyphe abzustreiten unternommen hatte, nämlich die Nichtigkeit des individuellen Menschen, die Absurdität des menschlichen Strebens. Der Beweis, daß es in diesen Jahren beinahe gelang, Camus in Schweigen und Verzweiflung zu stürzen, wird von „La Peste" erbracht. Nirgends hat Camus seine Reaktion auf die völlige Unverständlichkeit des Menschseins und seine Auflehnung gegen das dem Leib und den Gefühlen der Menschen auferlegte Leiden unverhüllter dargestellt. Keine Religion und keine Ideologie kann in seinen Augen das dem Menschen zugefügte kollektive Leiden rechtfertigen. Unser Geist verwirrt sich, und sowohl Tarrou als Paneloux sterben. In diesem Zusammenhang bezeichnet La Peste eine Verschiebung des Tons; Camus überläßt das Universum sich selber und wendet sich dem Menschen zu. Und hier beginnt das Zeugnis. Allem intellektuellen Augenschein der Welt Trotz bietend, steht der Mensch mit seinen unbezähmbaren Bedürfnissen, seiner Liebe zum Leben, seinem Lebenswillen. Camus beobachtet ihn voll Zuversicht, und zwar ungeachtet der Gleichgültigkeit der Menschen gegenüber dem ihnen zugedachten Sinn, ungeachtet ihrer Geringschätzung des Wertvollsten, das sie besitzen, ungeachtet der Leichtigkeit, mit der sie sich der Pest verbünden. Es wäre schwer gewesen für Camus, das Gefühl, das er so mächtig verspürte, direkt auszudrücken: sein Erbarmen mit den Menschen und seine Ehrfurcht vor ihren vergänglichen Freuden. Sein Humanismus, der weder sentimental noch blind ist, wäre bedeutungslos geworden, hätte er versucht, ihn von der ihn tragenden Erfahrung zu lösen. Darum ist La Peste innerhalb ihrer Grenzen ein großes Buch, das verwirrendste, erschütterndste, das bis jetzt aus dem Chaos der Jahrhundertmitte hervorging.

(Germaine Brée)

ZUR CHARAKTERISTIK DER HAUPTPERSONEN

„La Peste" spielt in Oran, einer ganz gewöhnlichen Stadt, einer reiz-, pflanzen- und seelenlosen Stadt, die Camus auf vier Seiten in einer beinahe ausschließlich negativen Art beschreibt, als handelte es sich nicht um Menschen, Landschaft und Mauern, sondern um die Leere, die sie kennzeichnet, die Erwartung, die sie umgibt. Welche Erwartung? Natürlich die des Todes. Aber Sterben heißt in Oran einfach aufhören zu leben. Nach einem schicksallosen Dasein, das ganz aus Gewohnheiten besteht, aus Arbeit, Liebe, Kartenspiel und Klatsch, ohne die geringste Ahnung, von etwas anderem — und darin ist Oran eine ganz moderne Stadt — gleitet man in einem unbehaglich trockenen Klima unauffällig vom Sein ins Nichtsein. Was dieser Stadt fehlt, ist eben das Gefühl für den Tod. Am Morgen des 16. April taucht es mit den Pestratten auf, die scharenweise aus den Abwässerkanälen hervorkommen, um auf offener Straße zu verenden. Jäh hört der Tod auf, eine Gewohnheit unter anderen und eine Gewohnheit der anderen zu sein. Es geht uns alle an, er wird zur Tragödie.
Da es sich um eine Tragödie handelt, wollen wir zunächst **die handelnden Personen** betrachten. Da ist vor allem der **Arzt Bern-**

hard **Rieux,** der an jenem Aprilmorgen über die erste tote Ratte stolpert. Er ist ungefähr 35 Jahre alt, mittelgroß, immer barhäuptig, mit wissender Miene. Er ist der Sohn eines Arbeiters und praktiziert in einem ärmlichen Viertel, wo er mit seiner Mutter und seiner Frau lebt; doch ist diese todkrank und muß gleich zu Beginn nach Frankreich in ein Sanatorium fahren. Ein Charakterzug: In der Ausübung seines Berufs und im Umgang mit Nachbarn, Kollegen oder Patienten, legt er immer eine gewisse Zurückhaltung an den Tag, die häufig als Gleichgültigkeit empfunden wird Rieux gehört zu den Leuten, die überzeugt sind, daß es vor allem darauf ankommt, seinen Beruf nach besten Kräften auszuüben. „Sein jeder Romantik barer Kampf bewegt sich absichtlich im alltäglichen Rahmen: der Beruf, die unmittelbar zweckvolle Gebärde" (24) Was soll man von einem Arzt halten, der der Frau eines Patienten einfach erklärt: Er ist tot! Höchstens, daß dieser Mann ein dürres, blasiertes Herz hat oder aber ein Geheimnis. Und Rieux hat in der Tat ein Geheimnis: er hat sich nie mit dem Tod der Menschen und mit seiner eigenen Ohnmacht ihm gegenüber abfinden können. Seine Zurückhaltung ist ein Protest gegen die Ungerechtigkeit einer Welt, deren Baumeister abwesend ist und deren Geschöpfe blind leiden, ohne Unterlaß und ohne Hoffnung.

Auch **Jean Tarrou** ist ein Mann mit einem Geheimnis. Doch trägt er wenigstens sein Rätsel offen zur Schau. Jean Tarrou, ein noch junger Mann, von schwerfälliger Gestalt, mit einem wuchtigen, hageren Gesicht und buschigen Brauen, ist eines Tages in Oran aufgetaucht, ohne daß man erfahren hätte, warum oder woher. Jedenfalls ist er nicht mittellos, denn er arbeitet nicht, lebt allein und verbringt seine Zeit damit, umherzustreifen, zu baden, die Bewohner der Stadt zu beobachten und alle Eigenschaften in einem Tagebuch zu vermerken, das offensichtlich das Notizbuch zu einem nie geschriebenen Werk darstellt. Was er verbirgt, ist ein fürchterliches Erlebnis. Tarrous Vater war Staatsanwalt. Er plädierte gegen die Verbrecher und forderte ihre Verurteilung zum Tode. Ein Lieferant des Schafotts, ein Halsabschneider. An dem Tag, da Tarrou das merkt (im Verlauf eines Prozesses, zu dem sein Vater ihn eingeladen hatte, und bei dem er den Angeklagten lange betrachtet, den kleinen, beinahe unbehaarten Mann, der aussah wie eine rote Eule), begreift er auch, warum sein Vater in gewissen Nächten so früh aufsteht. Und er entflieht. Er fühlt sich „verpestet". Die Unmenschlichkeit der Verurteilung zum

— 19 —

Tode verfolgt ihn, und seitdem er in Ungarn der Hinrichtung eines Menschen beigewohnt hat, lebt er im Grauen. Aber gleichzeitig faßt er den unabänderlichen Beschluß, alles abzulehnen, was von nah oder von fern aus guten oder schlechten Gründen tötet oder rechtfertigt, daß getötet wird.

Joseph Grands Geheimnis ist viel bescheidener. Der 50jährige Angestellte des Bürgermeisteramts mit dem lächerlich geringen Gehalt, den seine Frau verlassen hat, weil sie seiner Mittelmäßigkeit überdrüssig war, lebt nur noch im Gedanken an das große Romanwerk, das zu schreiben er unternommen hat, in das er sich Abend für Abend stürzt und über dessen ersten Satz er nie hinausgelangt ist: „An einem schönen Morgen des Monats Mai durchritt eine elegante Amazone auf einer wunderbaren Fuchsstute die blühenden Alleen des Bois de Boulogne." Hundertmal wird der Satz umgemodelt, und hundertmal ermißt Joseph Grand, der Sisyphos der Feder, welche Weite ihn noch von der Vollkommenheit des Ausdrucks trennt, dank der ein Verleger einmal bewundernd ausrufen wird: Hut ab, meine Herren!

Die vierte Gestalt, die hier zu erwähnen ist, besitzt schließlich ein noch einfacheres Geheimnis. **Raymond Rambert**, ein junger Journalist, der wegen einer — übrigens veralteten — Reportage vorübergehend in Oran weilt, hat nur den einen Gedanken, nach Paris zu seiner Geliebten zurückzukehren. Liebe und Glück sind die einzigen Belange seines Lebens.

Und nun hebt sich der Vorhang, und die Ratten verpesten die Stadt. Wie nicht anders zu erwarten stand, begegnet man ihnen zuerst ungläubig. Wie sollte im 20. Jahrhundert eine so mittelalterliche Seuche eine so moderne Stadt befallen können? Was die Stadt nicht weiß, ist jedoch, daß die Welt zu keiner noch so fortschrittlichen Zeit gegen ein Aufflammen des Übels oder der Barbarei gefeit ist, und daß die Leere der Oraner Tage und Menschen mit dem trügerischen, ungesunden, ungenützten Frieden die Pest durch ihre Bedeutungslosigkeit herbeirief. Die Oraner wußten nicht einmal, was das Glück des Lebens ist. Die Pest wird sie lehren, was das Unglück des Sterbens ist. Sie ist da, die Körper bedecken sich mit Beulen, mit Fieberschweiß; Sterbende röcheln. Also versucht man sie mit sprachlichen Kunststücken zu bannen. Es handelt sich nicht um die Pest, sondern um eine unbekannte, vorübergehende, gutartige Krankheit. Die Ratten? Bei Tisch spricht man nicht von Ratten, weist der strenge Richter Othon seine Kinder zurecht. Nur Dr. Rieux, der doch selber gerne zwei-

feln möchte und ein alter beschlagener Arzt, Dr. Castell, wagen das Phänomen bei Namen zu nennen. Ihre Mitbürger schlossen auch weiterhin Geschäfte ab, bereiteten Reisen vor und hatten eine Meinung... Weil die Plage das Maß des Menschlichen übersteigt, sagt man sich, sie sei unwirklich, ein böser Traum, der vergehen wird. Aber er vergeht nicht immer, und von bösem Traum zu bösem Traum vergehen die Menschen, und die Menschenfreunde zuerst, weil sie sich nicht vorgesehen haben. Der endlich in der Präfektur einberufene Sanitätsrat versucht wiederum, schlecht und recht die Wirklichkeit abzustreiten. Als Dr. Castell das schicksalshafte Wort ausspricht, springt der Präfekt auf und wendet sich unwillkürlich zur Tür, als wollte er sich vergewissern, daß diese die Ungeheuerlichkeit daran hindert, in die Gänge hinauszudringen
Aber während Oran sich noch in falscher Sicherheit wiegt, schickt die übrige Welt, die noch nicht von der Geißel heimgesucht wird, sich an, das Verschwommene deutlich zu machen. So wird eines Morgens auf höheren Befehl die Stadt in Quarantäne erklärt und geschlossen. Niemand darf sie betreten oder verlassen. Die Güter der Welt gelangen nicht mehr bis zu ihr, sie muß abgeschlossen leben. Einschränkungen, Entbehrungen, Schwarzhandel. Der Belagerungszustand wird verhängt. Wollte man ein genaues Bild von der geistigen Verfassung haben, in der sich die Getrennten unserer Stadt befanden, müßte man wieder die endlosen, goldenen und staubenfüllten Abende beschreiben, die sich über die baumlose Stadt niedersenkten, während Männer und Frauen in alle Straßen strömten. Denn was dann zu den noch sonnigen Terassen emporstieg, während der Lärm der Fahrzeuge und Maschinen verstummte, die gewöhnlich die ganze Sprache der Städte bilden, das war seltsamerweise nur ein gewaltiges Rauschen von Schritten und Stimmengemurmel, das schmerzliche Gleiten von Tausend und abertausend Schuhsohlen im Takt des pfeifenden Dreschflegels am schwerlastenden Himmel; ein endloses, erdrückendes Stampfen schließlich, das langsam die ganze Stadt erfüllte und Abend für Abend dem blinden Eigensinn, der in unseren Herzen damals die Liebe ersetzte, seine getreulichste und trübsinnigste Stimme lieh.
Indessen gibt es zwei Menschen, denen die Pest nicht ungelegen kommt, wenn auch aus sehr verschiedenen Gründen. Der eine ist der merkwürdige **Cottard**, der am Vorabend der Seuche versucht hat, sich einer geheimnisvollen Anschuldigung wegen zu

erhängen; er lebt wieder auf, sobald das Leben seiner Mitbürger bedroht ist. Dieser hintergründige Mensch kann nur in Katastrophen leben: sein persönliches Unglück verwandelt sich angesichts des Unglücks der anderen in Glück. Die Verzweiflung überbietend stürzt er sich dem Nihilismus in die Arme — und findet seinen Vorteil dabei. Der andere ist der redegewandte **Jesuitenpater Paneloux**, für den die Pest eine Züchtigung, das heißt ein Werk der Gerechtigkeit darstellt. Von der Kanzel herab fährt er die schwankenden Gläubigen an, die sich in der Kirche eingefunden haben, weil es auf keinen Fall schaden kann, und zwingt sie in die Knie. Meine Brüder, ihr seid im Unglück, meine Brüder, ihr habt es verdient... Zulange hat diese Welt sich mit dem Bösen vertragen, zulange hat sie sich auf das göttliche Erbarmen verlassen. Wir erraten das Weitere und ahnen, daß diesen beiden Resignierten gegenüber — dem „Kollaborateur", der sich im trüben Wasser wohlfühlt, und dem Priester, für den die Welt nur ein gewaltiger, endlich vor Gericht kommender Prozeß der Seelen ist — der Widerstand seine Gruppen zu einem tätigen Netz zusammenschließt, das heißt Sanitätsmannschaften aufstellt. Denn man muß auf die eine oder andere Art kämpfen und nicht auf die Knie fallen.

Diese Gruppierung findet, wie ohne weiteres klar wird, in einem einzigen Menschen statt. Ob Rieux oder Tarrou, Grand oder Rambert, es ist immer Camus, der sich sammelt. Von **Rieux** hat er die geduldige Demut gegenüber dem täglichen Handwerk und die auflehnende Zurückhaltung (wie auch die alte Mutter und den Arbeiter als Vater); mit **Tarrou** teilt er das Verlangen nach Einsamkeit, nach stolzem Umherirren, die Beobachtungsgabe, die Freude am Baden im Meer, den Haß auf die Todesstrafe; **Grands** unglückliche Liebe zum Schreiben bildet das ironische Gegenstück zu seiner Suche nach einer unsichtbaren, das heißt verkörperten Stilisierung; und schließlich — abgesehen von dem Detail der Reportage über die Lebensbedingungen der Araber — spricht aus **Rambert** wiederum Camus, wenn er Liebe und Glück an die oberste Stelle der erstrebenswerten Güter stellt. Ist es Rambert oder Camus, der sagt: Ich habe genug von den Leuten, die für eine Idee sterben? Mich interessiert nur noch, von dem zu leben und an dem zu sterben, was ich liebe. Ein erstaunliches Abenteuer, in dem ein Schriftsteller seinen Roman aus seinen eigenen inneren Widersprüchen schöpft und sich in mindestens 4 Spiegeln widerspiegelt. Das Bewundernswerte dabei ist, daß das „Erkenne

Dich selbst" so klarsichtig alle Gründe der Tat darlegt und gleichzeitig so überzeugend den Gründen der Untätigkeit gerecht wird.
Rieux hat von dem Elend — auch eine Gemeinsamkeit mit Camus — gelernt und im Umgang mit seinen Kranken erkannt, daß die Siege eitel und immer vorläufig sind und daß die Pest für ihn nur eine nichtendenwollende Niederlage bedeutet, aber auch, daß der Mensch das Bemühen um seine Rettung erfordert. Tarrou kommt ihm spontan mit seiner Moral des Verstehens zu Hilfe, doch geschieht dies nicht ohne Hintergedanken: sein Geheimnis besteht in einem maßlosen Ehrgeiz, nämlich ein Heiliger außerhalb des Glaubens und der Kirche zu werden. Kann man ohne Gott ein Heiliger sein? Das ist das einzige wirkliche Problem, das ich heute kenne.
Für **Joseph Grand**, den der Erzähler mehr als Rieux und Tarrou als den wahren Vertreter jener stillen Kraft bezeichnet, die die Sanitätsgruppen beseelte, gibt es keinen anderen Ehrgeiz, als den des aktiven Parteimitglieds: da ist die Pest, man muß sich wehren, das ist klar. Ach wenn doch alles so einfach wäre! Und **Rambert** schließlich scheint Camus nur mit einem ergreifenden Bedauern in den Widerstandskampf einzubeziehen. Während der ersten zwei Drittel des Buches unternimmt er unablässig Fluchtversuche. Als geborener Deserteur wünscht er mit aller Kraft, aus der Stadt zu entkommen, seine Geliebte wiederzufinden. Er ist jeder Heuchelei bar und erklärt seinen Gefährten seine Gründe, ohne sie zu beschönigen. Und die anderen pflichten ihm bei. Wie denn auch nicht? Wenn ihr Kampf wirklich das Glück der Menschen zum Ziel hat, wie sollten sie dann nicht zugeben, daß inmitten des Kampfes ein solches Glück Zeugnis ablege für dessen Fortbestand und Wünschbarkeit? Und doch wird Rambert trotz seiner beharrlichen Bemühungen Tag um Tag auf geheimnisvolle Weise in der Stadt festgehalten, bis er schließlich erkennt: Man kann sich schämen allein glücklich zu sein. Und er beschließt, bei den Sanitätsmannschaften zu bleiben. Ich habe immer gedacht, ich sei fremd in dieser Stadt und habe nichts zu tun mit euch. Aber jetzt, nachdem ich alles gesehen habe, weiß ich, daß ich hierher gehöre, ob ich will oder nicht. Diese Geschichte geht uns alle an.
Es hat keinen Sinn, den Inhalt des Romans hier zusammenzufassen und so einen schwerfälligen Abklatsch der Chronik zu geben. Es ist klar, daß sie die Ereignisse der Kriegszeit auf Camus Weise umsetzt, das heißt gemäß dem Grundsatz Daniel Defoes:

„Es ist ebenso vernünftig, eine Gefangenschaft durch eine andere darzustellen, wie irgendetwas wirklich Vorhandenes durch etwas, das es nicht gibt", den er als Motto der Pest voransetzt. Innerhalb des Gefängnisses, zu dem Oran geworden ist und wo Menschen ebenso leicht umgebracht werden wie Fliegen, herrscht die unerbittliche Logik des Terrors. Alles findet sich hier: Egoismus, Wahnsinn, Versuche einer Flucht ins Übernatürliche — eine Anspielung auf die während der Besetzung in Frankreich beliebte „Prophezeiung der Hl. Ottilie" —, Geschäftemacherei, Schieber, Kuhhändel, Papierkrieg und Verwaltungsschikanen und sogar burleske Szenen wie etwa der Streit zwischen den „Pestkämpfern" und den „Ehemaligen Frontkämpfern" wegen der Orden — eine Anspielung auf die zuweilen auftretenden Schwierigkeiten zwischen den Widerstandstruppen und den regulären Einheiten.

Die eigentliche Tragödie spielt sich in den Seelen ab wie etwa in **Pater Paneloux.** Sein blinder Glaube an die göttliche Gerechtigkeit hält der Wirklichkeit der Heimsuchung nicht stand. Vor seinen Augen liegt ein Kind im Sterben; es ist ein fürchterlicher unmenschlicher Todeskampf. Paneloux schaute diesen von der Krankheit beschmutzten, vom Schrei aller Zeiten erfüllten Kindermund an. Und er ließ sich auf die Knie gleiten, und alle fanden es natürlich, als sie ihn mit etwas erstickter, aber trotz der namenlosen unaufhörlichen Klage deutlicher Stimme sagen hörten: „Mein Gott, rette dieses Kind"! Das Kind aber wird nicht gerettet, und zum ersten Male begreift Paneloux die Wahrheit eines anderen Schreies, den Rieux ihm entgegenschleudert: Ah! Der wenigstens war unschuldig, das wissen Sie wohl! Umsonst sucht er Zuflucht bei der Gnade, die es erlaubt, zu lieben, was wir nicht verstehen können. Umsonst beteiligt er sich heldenmütig an dem ganz irdischen Kampf der Sanitätsgruppe. Er wird immer mehr oder weniger ein Fremder bleiben, der einer religiösen Dialektik wegen selbst in der Reinheit seiner Werke ein gewisses Einverständnis mit dem Übel bewahrt. Camus erblickte in „La Peste" sein am ausgeprägtesten antichristliches Werk. Zwar weist er Paneloux letzten Endes eine erhebende Rolle zu, da er ihn doch im Kampf gegen die Epidemie sterben läßt. Aber er lehnt seine Lehre ab, die das Heil des Menschen mit dem Menschen selber erkaufen will, mit seiner Unterwerfung unter einen ungerechten und unverständlichen Willen. Das Heil der Menschen ist ein zu großes Wort für mich. Ich gehe nicht so weit. Mich geht ihre Gesundheit an, zu allererst ihre Gesundheit... Ich weiß weder, was meiner wartet, noch was nach all dem kommen wird. Im Augenblick gibt es Kranke, die geheilt werden müssen... Da die Weltordnung durch den Tod bestimmt wird, ist es vielleicht besser für Gott, wenn man nicht an ihn glaubt und dafür mit aller Kraft gegen den Tod ankämpft, ohne die Augen zu dem Himmel zu erheben, wo er schweigt.

Ablehnung der Religion, aber ein tiefes Gefühl für das, was heilig ist. Es äußert sich in allen Dingen, die an Unsagbares rühren, und besonders im Exil, verdeutlicht durch die körperlose und doch ständige Gegenwart des übrigen Landes, mit dem man nicht mehr verkehren kann, oder doch nur dank kindischer Schlüsselbotschaften, die zu Mißverständnissen Anlaß geben. Hier findet der Dichter seine feinste und vielleicht schönste Transponierung Denn „das übrige Land", das waren zwischen 1940 und 1945 die freien Nationen, die in Glück und Wohlstand lebten oder aufgebrochen waren, um uns zu befreien, und bei Camus wird dies zum Wesentlichen, zum einzig Wesentlichen: die Liebe. Die Befreiung trägt das Antlitz der Liebe, das Antlitz einer Frau, aller Frauen: **Rieux' Frau**, die in der Ferne stirbt. **Ramberts Geliebte**, die im Getrenntsein unendlich begehrenswert erscheint, ja sogar **die alte Frau Dr. Castell**, die heimkehrt, um an der Seite ihres Mannes die Pest zu bekämpfen, diese „Kleinigkeit" verglichen mit der Trennung, verzweifeltes Verlangen, schwer zu tragende Liebe, reglos in uns, unfruchtbar... unerträglicher Urlaub. Aber auch heftige, unstillbare Liebe, Triebkraft des Wesens, die in ihrer Unerfülltheit ebenso mächtig ist wie die höfische Liebe des Mittelalters oder der Katharer. Ja, das ganze Verlangen, die ganze Liebe der Welt leben am Himmel Orans, wo die Pest ihren Dreschflegel schwingt. Und zuweilen fällt dieses Verlangen, fällt diese Liebe wie ein zärtlicher Regen auf die Stadt. Es herrscht eine zärtliche und doch männliche Beziehung zwischen Rieux und Tarrou. Wissen Sie, was wir für die Freundschaft tun sollten?... Im Meer baden... Tarrou nähert sich, bald hörte er ihn atmen. Rieux kehrte sich um, brachte sich auf die Höhe des Freundes und schwamm im gleichen Takt wie er weiter... Sie kleideten sich wieder an und gingen fort, ohne ein Wort zu sprechen. Aber sie hatten das gleiche Herz, und die Erinnerung an diese Nacht war für beide tröstlich.

Gegen Schluß, als Tarrou — als letzter in der Stadt — von der Krankheit befallen wird und stirbt, sieht Rieux, wie dieser Mensch der ihm so nahegestanden... in einer hohlen Klage sein Leben aushauchte; und er mußte am Ufer bleiben und mit leeren Händen und zerrissenem Herzen zusehen. Und Rieux fühlt deutlich, daß es sich diesmal um die endgültige Niederlage handelte, um jene Niederlage, die die Kriege beendet und noch aus dem Frieden ein unheilbares Leiden macht.

Gibt es überhaupt Sieger? Gewiß: eines Morgens nachdem die Pest immer weiter zurückgewichen ist und Optimismus und Unbekümmertheit sich schon wieder breit machen, öffneten sich endlich die Tore, begrüßt von der Bevölkerung, den Zeitungen, dem Rundfunk und den Mitteilungen der Präfektur. Alles verläuft programmgemäß: auf den öffentlichen Plätzen wird getanzt, in den Kirchen werden Dankesgebete gesprochen, man frißt und säuft, und sogar der schreckliche Cottard empfängt seine Strafe. Aber ein Mann zumindest ermißt in dieser Stunde die Endgültigkeit der Pest: Rambert, der das Glück hat, heil davongekommen zu sein, und seine junge Geliebte jetzt besucht. Er hätte wieder der werden mögen, der zu Beginn der Epidemie in einem einzigen Anlauf aus der Stadt hatte rennen wollen, um sich der Frau entgegenzuwerfen, die er liebte. Aber er wußte, daß das nicht mehr möglich war. Er hatte sich verändert; die Pest hatte eine Zerstreutheit in ihm entstehen lassen, die er mit seiner ganzen Kraft wegzuleugnen versuchte... Auf dem Bahnsteig... hatte Rambert nicht die Zeit, die Gestalt anzuschauen, die auf ihn zurannte, als sie sich schon an seine Brust warf. Und indem er sie mit beiden Armen umschlossen hielt und einen Kopf an sich drückte, von dem er nur die vertrauten Haare sah, ließ er seinen Tränen freien Lauf und wußte nicht, ob sie von seinem jetzigen Glück herrühren oder von einem allzulange verhaltenen Schmerz; er war wenigstens sicher, daß sie ihn daran hinderten, nachzuprüfen, ob das Gesicht, das an seiner Schulter lag, das war, von dem er so oft geträumt hatte, oder im Gegenteil das einer Fremden. Später würde er wissen, ob seine Ahnung zutraf. Für den Augenblick wollte er es halten wie alle ringsum, die zu glauben schienen, die Pest könne kommen und wieder gehen, ohne daß das Herz der Menschen sich deshalb veränderte.

Wie Rambert wird auch Rieux nie mehr restlos glücklich sein können, und zwar nicht nur, weil er seinen Freund und seine Frau verloren hat. Diese Chronik geht ihrem Ende entgegen. Es ist Zeit, daß Dr. Bernhard Rieux sich als ihr Verfasser bekennt. Das „Ich" des Buches, das hinter jedem „wir" aufklingt, das vielfältige Eins das sich scheinbar mühelos in die Mehrzahl umsetzt, verrät eine bewundernswerte Technik, die Sartres „Le Sures" weit überlegen ist. Doch ist die Aufgabe des ständig abwesend-anwesenden Erzählers, sowie der Krieg und der Tod abwesend-anwesend sind, damit nicht beendet. Rieux wird seinen Beruf weiter ausüben, und schon sehen wir ihn über den ersten Kranken der Nach-Pestzeit gebeugt. Aber zuvor bleibt eine Aufgabe zu erfüllen: die Abfassung dieses Berichts. Denn er wollte nicht zu denen gehören, die schweigen, er wollte vielmehr für diese Pestkranken Zeugnis ablegen und wenigstens ein Zeichen zur Erinnerung an die ihnen zugefügte Ungerechtigkeit und Gewalt hinterlassen. Weniger denn je gibt Rieux sich der Täuschung hin. Er weiß, daß aus so viel Bösem kein alles umfassendes Gutes kommen kann. Tarrou, der ein Heiliger ohne Gott sein wollte, hat den Frieden erst im Tod gefunden. Allen, die Dank einer unmenschlichen Tragödie über das Menschliche hinauswachsen wollten, ist keine Antwort zuteilgeworden. Die Menschen bleiben sich immer gleich. Und das einzige, was sie verbinden kann, ist ein wenig zärtliche Liebe. Und doch hat die Pest Rieux eine Wahrheit gelehrt, die maßvoll, aber ohne Mittelmäßigkeit in seinem Leben leuchten wird: daß es an den Menschen mehr zu bewundern als zu verachten gibt. Und das genügt, wenn man schon kein Heiliger sein kann, um die Heimsuchungen abzulehnen und sich zu bemühen, ein Arzt zu sein.

Während Rieux den Freudenschreien lauscht, die aus der Stadt empordringen, erinnert er sich nämlich daran, daß diese Fröhlichkeit ständig bedroht ist. Denn er weiß, was dieser frohen Menge unbekannt ist und was in den Büchern zu lesen steht: daß der Pestbazillus niemals ausstirbt oder verschwindet, sondern Jahrzehnte lang in den Möbeln und der Wäsche schlummern kann, daß er in den Zimmern, den Kellern, den Koffern, den Taschentüchern, und den Bündeln alter Papiere geduldig wartet, und daß vielleicht der Tag kommen wird, an dem die Pest zum Unglück und zur Belehrung der Menschen ihre Ratten wecken und erneut aussenden wird, damit sie in einer glücklichen Stadt sterben.

Mit ihren 5 großen Kapiteln, entsprechend den 5 Akten der klassischen französischen Tragödie, ist „La Peste" auch in der Anlage eine Tragödie und verzichtet auf den Handelswert des Wortes „Roman"; ihre Größe und ihr Erfolg liegt darin, daß sie gleichsam Theater in Buchform ist.

(Morvan Lebesque)

DER ROMAN „DIE PEST" — EINE CHRONIK DER SEUCHE

Das Wesen des Denkers und Dichters Albert Camus kommt in seinem großen Roman „Die Pest" zum Ausdruck. Es ist ein Geschehnisroman um die Mitte eines erschütternden Ereignisses, des Ausbruchs der Pest in der nordafrikanischen Stadt Oran um das Jahr 1940; der Reichtum der Gestalten, die sich in der Stadt bewegen, die Schichten der Bevölkerung, die Vielheit der Charaktere: alles das ordnet sich neu in der Anschauung des fürchterlichen Tieres, das unter ihnen lebt. An die Grenze des Daseins geworfen durch die Möglichkeit eines schnellen und grausamen Todes, werfen alle die gewohnten Masken des Lebens ab, verlieren alle Tarnungen, verzichten auf Ballast und sind nichts mehr als angstvolle, todesnahe und dabei lebenshungrige Menschen. Das Sinnlose zeigt sich in der lebendigen Gestalt der Seuche, das Dasein enthüllt sein Wesen, die Absurdität. Aber auf den Grund der Dinge schauen nur sehr wenige, vielleicht nur zwei, und diese stehen sich in der Deutung der Welt diametral gegenüber: der Arzt Rieux und der Jesuit Paneloux.
Der Roman ist eine Chronik der Seuche. Sie ergibt sich als Niederschrift des Arztes Rieux, der von sich selbst in der dritten Person spricht. Eines Tages findet ein Hausverwalter im Treppenhaus eine tote Ratte und gleich darauf eine zweite, am nächsten Tage stößt er, als er sich über einen vermeintlichen Schabernack beschweren will auf drei weitere. Zur selben Zeit finden sich auf den Gemüsehaufen und Kehrichtplätzen schon Dutzende, aus der ganzen Stadt laufen Meldungen ähnlicher Art zusammen. In den folgenden Tagen verschlimmert sich die Lage; die Zahl steigt in kurzer Zeit auf über achttausend. Dann scheint die Ratteninvasion abgestoppt, aber krank werden die Menschen. Überall zeigen sich die gleichen Symptome: Durst, Gallenfieber, Geschwülste. Der Hausarzt erliegt als erster der Seuche. Alsdann tritt die Krankheit verstärkt auf; in wenigen Tagen gibt es zwei ähnliche Fälle. Das Wort „Pest" wird zum ersten Mal ausgesprochen. Auf ein schwankendes Verhalten des Gesundheitsamtes folgt die unvermeidliche Erklärung: der Pestzustand wird ausgerufen, die Stadt geschlossen. Niemand kommt mehr herein oder heraus.
Mit der Gewißheit, daß die todbringende Krankheit der ständig anwesende Begleiter aller Menschen ist, setzt die innere Wandlung der Bevölkerung ein. Das Gift wirkt nach innen und zersetzt

die Geister. Nach vier Monaten — Mitte August — hat die Pest alles überschwemmt, der Wahnsinn bricht aus, Feuerbrünste verheeren die Stadt. Der kleine Friedhof ist nicht mehr aufnahmefähig. Die Pest beraubt die Menschen der Fähigkeit zur Liebe und zur Freundschaft; so ist nichts von Großartigem zu berichten. Nur einige wenige leisten das Menschenunmögliche; es sind die Helfer des Arztes Rieux. In den Monaten September und Oktober herrscht die Krankheit mit drückender Gewalt. Da merkten, heißt es, auch Dr. Rieux und seine Freunde, daß sie müde waren. Als ein Kind, der Sohn des Richters Othon, erkrankt und lange und schrecklich leidet, bricht sich empörter Schmerz auch in dem geduldigen Helfer Bahn: „Ich kann es nicht mehr ertragen." Plötzlich sind dann die Ratten wieder da, die Krankheit unter den Menschen nimmt ab, sie verschwindet, wie sie gekommen ist. Die Bevölkerung umjubelt den Arzt, den sie für den Retter hält. Aber er muß sich gestehen, daß er an der Überwindung der Pest so gut wie gar keinen Anteil hat. Auch ist sie nicht aus der Welt geschafft. „Denn er wußte, was dieser frohen Menge unbekannt war und was in den Büchern zu lesen steht: daß der Pestbazillus niemals ausstirbt oder verschwindet, sondern jahrzehntelang in den Möbeln und der Wäsche schlummern kann, daß er in den Zimmern, den Kellern, den Koffern, den Taschentüchern und den Bündeln alter Papiere geduldig wartet, und daß vielleicht der Tag kommen wird, an dem die Pest zum Unglück und zur Belehrung der Menschen ihre Ratten wecken und aussenden wird, damit sie in einer glücklichen Stadt sterben."

In die Erzählung eingestreut sind die Gespräche und Meditationen. Der Partner Rieux', der Jesuit Paneloux, nimmt den Ausbruch und die Wirkung der Seuche zum Anlaß, Buße zu predigen und von den Schrecken des Fegefeuers zu sprechen. Im übrigen hilft er dem Arzt, dem Unheil mit menschlichen Mitteln zu begegnen. Die beiden Meinungen stoßen aufeinander, die Camus in ehrlicher Erwägung gegeneinanderstellt, um sich dann doch für die eine von beiden zu entscheiden: Der eine erklärt die Pest als göttliche Schickung und als Zuchtrute für die Menschen; der andere sieht in ihr ein besonders deutliches Zeichen für die weltimmanente Absurdität. Beide sind sich einig in der Überzeugung, daß die Welt im Argen liegt, und kommen sich so nahe, als ob die beiden Enden des Ringes sich miteinander verbänden. Die Grenzenlosigkeit des Elends, das ist es, womit der Arzt nicht fertig werden kann. Es hilft nichts als praktische Gegenwirkung. „Glauben Sie an Gott, Herr Doktor?" — „Nein, aber was heißt das schon? Ich tappe im Dunkeln, und ich versuche, darin klar zu sehen." Rieux kämpft gegen die Schöpfung so, wie sie ist, und glaubt, wenigstens in seiner negativen Reaktion auf dem richtigen Wege zu sein. So gewinnt er auch die ihn kennzeichnende Haltung zu seinem Beruf. Dazu bedarf es nicht vieler und erst recht nicht sehr spekulativer Überlegungen. „Wer hat Sie das alles gelehrt, Herr Doktor?" — „Das Elend." — „Glauben Sie, das Leben ganz zu kennen?" — Die Antwort kam in der Dunkelheit, von der gleichen ruhigen Stimme getragen: „Ja." — Mit dem Jesuiten ist er sich in dem praktischen Tun ganz einig. „Wir arbeiten miteinander für etwas, was uns jenseits von Lästerung und Gebet vereint. Das allein ist wichtig."

So ist das Ergebnis des Romans eine moderne Hiobklage ohne die Haltung der Unterwerfung. Vielmehr verharrt der Mensch im Widerspruch, dans la révolte, in der Empörung. Es handelt sich nicht um eine laute Auflehnung, sondern um ein Hadern, das sich umsetzt in Abwehr des immer zum Sprung bereiten Bösen. Die metaphysische Deutung des Bösen bleibt offen. Schon die Rolle, die der Jesuit mit seinen christlichen Argumenten und Erklärungsgründen spielt, zeigt an, wie sehr Camus sich um die Lösung seines Problems mit den Mitteln der christlichen Heilslehre bemüht. Es gibt bei ihm keine billige Polemik, sondern nur redliche Auseinandersetzungen. Auch das Ende des Priesters, der in der letzten Phase der Seuche von der tödlichen Ansteckung berührt wird, ist groß. In die Entscheidung gestellt, versagt sich der Arzt der Lösung des Gläubigen. Das Gewicht des Elends ist übermächtig. Dies scheint sein letztes Wort zu sein, aber er verschließt sich doch nicht völlig dem metaphysischen Anruf. Der Zwiespalt bleibt. „Kann man ohne Gott ein Heiliger sein, das ist das einzige Problem, das ich heute kenne." Der Heilige ohne Gott — das ist der Mensch, der nicht aufgibt. Der Sisyphos des Mythus, der Besiegte, der Widerstand leistet. Er schenkt seine Sympathie denen, die vom Nichts angerufen sind, weil er denen nicht traut, die behaupteten, sie seien von Gott mit ihrem Namen genannt. „Ich fühle mich mit den Besiegten enger verbunden als mit den Heiligen. Ich glaube, daß ich am Heldentum und an der Heiligkeit keinen Geschmack finde. Was mich interessiert, ist: ein Mensch zu sein." Darum ist Rieux auch ein Feind der großen Worte. Eines seiner Schlüsselworte ist sincérité, Aufrichtigkeit, Ehrlichkeit. „Was ist Redlichkeit? Ich weiß nicht, was sie im allgemeinen ist. Aber in meinem Falle weiß ich, daß sie darin besteht, daß ich meinen Beruf ausübe."

In diesem Abschluß steckt der moderne Mensch, und man wird zugestehen, daß er sich in Größe gibt. Freilich läßt sich das Dunkel nicht durchdringen, ist der Abgrund um unsere Welt unübersehbar in Tiefe und Weite. Aber es bedeutet viel, daß der Mensch, von seiner Höhe gestürzt, sich selbst gering einzuschätzen gelernt hat und phrasenlos und nüchtern seine tägliche Arbeit tut, zwar ohne auf Segen zu hoffen, aber auch ohne Bereitschaft, auf die beschwerliche und unverständliche Welt zu fluchen.

Künstlerisch steht dieser Roman auf der Höhe der Zeit. Das moderne Erlebnis, das Daseinsbewußtsein des Menschen zwischen Glauben und Zweifel, Welt und Nichts, die Hoffnung auf das Heil trotz der scheinbaren Aussichtslosigkeit, das Verharren im „Absurden" — dies alles ist bewältigt, gestaltet, in eine künstlerische Ordnung gebracht. Der Wille zum Bauen, Gruppieren, Steigern bemächtigt sich der Stoffe und fügt sie zusammen zu einem architektonisch eindrucksvollen Ganzen. Wolfgang Kayser sieht in diesem Roman ein Beispiel, wie die „Krise des modernen Romans" bewältigt wird: die Formlosigkeit, die so viele Erscheinungen der gegenwärtigen Erzählkunst problematisch macht, wird überwunden durch die gestaltende Kraft des Erzählers.

(Wilhelm Grenzmann)

„DIE PEST" — DIE GESCHICHTE EINER HEIMSUCHUNG

Was Camus in seinem „philosophischen Roman" erzählt, ist die Geschichte einer Heimsuchung, die mitten in unserem Zeitalter der lauen Gleichgültigkeit eine große, technisch und bürokratisch reglementierte Stadt überkommt. Die Pest ist ja nur Sinnbild für ein Verhängnis, das im Verborgenen überall auf der Lauer liegt und jederzeit hervorbrechen kann. Was durch die fortschreitenden Maßnahmen des „aufgeklärten" Verstandes ausgeschaltet schien, tritt plötzlich von neuem zutage: es paßt gar nicht in den Rahmen dieser nivellierten Arbeitswelt; man ist überhaupt nicht darauf eingerichtet und versucht zunächst auf jede Weise, es zu einem peripheren Zwischenfall zu verharmlosen.

Aber mit unbeirrbarer Zähigkeit breitet die Pest sich aus, zwingt das gesamte Leben in ihren Bann, erzwingt die Abriegelung von der Außenwelt, legt Verkehr und Handel lahm, zerstört die menschliche Gemeinschaft in ihren groben wie in ihren innigen und sublimen Formen. Indem so der lästige Zwischenfall sich stetig steigert zu einem den Alltag bestimmenden Grundzustand, wird es für die Betroffenen zur Aufgabe, sich in dieser Grenzsituation zu bewähren. — Als beherrschende Pole treten dabei immer klarer und schärfer der Arzt Rieux und der Pater Paneloux heraus: jener, der ohne Glaubensbindung dem Übel in schlichtmenschlicher Tapferkeit standhält — dieser, den die Wucht der Anfechtung aus einer massiven Rechtgläubigkeit herausreißt bis an den Rand der ketzerischen Frage, die vor dem undurchdringlichen Geheimnis Gottes verstummt. Jener geht ebenso unscheinbar wie verläßlich den schweren Weg eines im Grunde doch ohnmächtigen Helfens, weist den Halt im Transzendenten ab, kennt keinen Trost und gewinnt in solcher agnostizistischen Anständigkeit fast unmerklich einen stillen Glanz; diesen adelt die Inbrunst, mit der er sich dem rätselhaften Leiden stellt, den Kampf bis zum Äußersten durchkämpft — bis im Schweigen des Todes die letzte Antwort offen bleibt.

Man könnte vermuten, daß es sich um ein Werk handle, das von einer „Idee" her einen Vorgang konstruiert, um so den gedanklichen Gehalt in einer poetischen Hülle darzubieten. Es muß aber gesagt werden, daß die „Idee" hier eben doch visionäre Züge annimmt und damit zur Verwirklichung durch gestalthafte Umsetzung drängt. Um die beiden — durch Leidensfähigkeit, Standhaftigkeit und Sorge um das Bild des Menschen dennoch verbundenen — Gegenspieler ordnen sich in mannigfacher Abstufung weitere Figuren, die als Gestalten ein echtes und überzeugendes Leben gewinnen. Da ist der breite, vitale Tarrou, der aus einem zufällig in die Stadt verschlagenen Beobachter ein tätiger Freund und unermüdlicher Helfer wird; da ist der rührend gewissenhafte Beamte Grand, der neben seinem trockenen Bürodienst an einer literarischen Arbeit herumbosselt, ohne damit jemals weiterzukommen — ein reines, ein wunderlich lösendes und befreiendes Spiel; da ist der Journalist Rambert, der sein Geschick von dem dieser ihm doch völlig fremden Stadt trennen, der sich retten möchte um der fernen Geliebten willen — und dann sich dennoch einfügt in den gemeinsamen Dienst. Szenen von ergreifender Gewalt heben sich heraus, wie die am Bett des sterbenden

Kindes, das in der Unschuld seines Leidens zur Anklage wird gegen die starre Unerbittlichkeit des Verhängnisses; oder Szenen von starkem Stimmungszauber wie die, wo Rieux und Tarrou im Meere baden und für ihn einen abendlichen Augenblick alle Qual von ihnen absinkt im Genuß naturnaher Freiheit. — Der Gesamtton ist nüchtern wie der einer Chronik: am Ende bekennt sich der Arzt Rieux, den man von vornherein hinter ihrer vornehmen Sachlichkeit vermuten mußte, als ihr Verfasser; und um die Darstellung im Sinne plastischer Gerechtigkeit zu ergänzen, sind Tagebuchstellen eingefügt, in denen vor allem Rieux selber noch einmal in der Perspektive Tarrous erscheint.

So liegt hier doch etwas anderes vor als nur ein philosophischer Roman etwa im Stil des 18. Jahrhunderts, wo der lehrhafte Problemkern durch die allegorische Hülle hindurchscheint: es kommt vielmehr zu einem echten Ineinander von Dichtung und Metaphysik, das man vielleicht als eine eigene Möglichkeit unseres Jahrhunderts verstehen darf.

(Johannes Pfeiffer)

„DIE PEST" — PANORAMA EINES KOLLEKTIV-SCHICKSALS

Mit der Fülle ihrer allegorischen Gestalten wurde „Die Pest" unwillkürlich zu einem Panhumanum und gleichzeitigen Pandämonium ihrer Epoche, von Presse und Publikum begeistert aufgenommen, die geneigt waren, Camus und die Zentralgestalt seines Buches, Dr. Rieux, gleichzusetzen und den Dichter selbst als „weltlichen Heiligen" zu feiern.

Chronik einer Pest-Epidemie innerhalb der Mauern einer durch sie immer isolierten Stadt, und Wege zu ihrer Überwindung — so knapp ließe sich etwa das äußere Geschehen dieses wiederum mehr in die Tiefe als in die Breite gearbeiteten Werkes von Camus zusammenfassen. Wie immer bei Camus, so ist auch hier der eigentliche Handlungsvorwurf des Ganzen gering an Umfang, indes die gedankliche Ausgestaltung die eigentliche Bedeutung des Werkes ausmacht. Der Akzent aller Camus'schen Arbeiten liegt auf dem „Wie".

Oran ist der Schauplatz des Geschehens, jene Stadt in der Wüste, von der Camus schon in „Minotaurus" sagte, sie sei die „staubigste aller Städte", eine Stadt, „in der nichts den Geist anregt", in der selbst „die Häßlichkeit anonym" bleibe. In dieser von der Geißel der Seuche heimgesuchten Stadt, in der eines Morgens scharenweise Ratten aus den Abwässerkanälen herauskommen, beginnt mit ihnen der Tod zu herrschen. Da man bisher in Oran ziemlich gedankenlos vor sich hin gelebt hat, hat das Schreckensregiment es nicht schwer, sich alsbald zur einzigen fühlbaren Wirklichkeit zu machen. Es besetzt in kürzester Frist die Stadt, in welcher es alle bis dahin gültigen Bindungen auflöst. Drei Männer finden sich, um den Kampf gegen das todbringende Verhängnis mit aller Leidenschaft aufzunehmen: der Arzt Dr. Rieux, sein Freund Tarrou, Sohn eines Staatsanwaltes, und der zufällig in der Stadt anwesende Journalist Rambert. Der gemeinsame Kampf gegen die Seuche, ihr Leiden an der Isoliertheit von der übrigen Welt, ihr Leben im dauernden Anblick von Todeskampf und Sterben erzeugen in ihnen einen bis dahin unbekannten hellsichtigen Mut, mit dem es ihnen schließlich gelingt, die Pest zu bannen. Das Böse ist besiegt, die Tore der Stadt öffnen sich wieder, die Überlebenden geben sich wieder dem Leben und seinen Freuden hin. Und doch wissen die Überwinder des Bösen, daß ihr Sieg nicht endgültig ist, daß eines Tages vielleicht die Stunde wiederkehrt, in der, zum Unglück und zur Lehre der Menschen, die Pest ihre Ratten wieder auferweckt und sie in eine ahnungslose glückliche Stadt schickt. Leicht zu erraten, welche Erscheinungen seines Zeitalters Camus mit der Pest bildlich darstellen will: die menschenfressenden Katastrophen des 20. Jahrhunderts, wie Konzentrations- und Vernichtungslager, technisch perfektionierte Raubzüge einzelner Herostraten und Kriege.

Die beiden Hauptgestalten des Romans, aus denen auch Camus' Stimme und Meinung am persönlichsten zu uns sprechen, sind der Arzt Rieux und sein Freund, der ihn begleitende Chronist Tarrou. Rieux beginnt mit dem Ausbruch der Pest sich selbst und seine eigenste Berufung überhaupt erst zu erkennen. Sie führen ihn auf den Weg zur Wahrheit, die er darin erblickt, gegen die Welt, so wie sie beschaffen ist, das heißt von Schmerz und Elend, Ungerechtigkeit und Gewalttätigkeit gequält und vom Tod dirigiert, den Kampf aufzunehmen. Er leistet das Menschenmögliche, ohne dabei im geringsten Anerkennung oder Beifall zu heischen. Kraft zu seiner täglichen schweren Arbeit kommt immer erneut von seiner im Hintergrund ihn bestärkenden Mutter (Camus' Leitmotiv!), die in den Aktionen des Romans selber jedoch nur wenig hervortritt. Als erstes Opfer muß Rieux am Anfang des Buches seine eigene Frau verlieren, und er kann so, nun erst aller persönlichen Rücksichten völlig ledig, den alle Kraft von ihm fordernden Kampf um so erbitterter führen. Mitten in den täglichen Schrecken, deren er gewahr wird, muß er erkennen, daß es „mehr am Menschen zu bewundern als zu verachten gibt". Und wenn er sich gleichzeitig auch immer bewußt bleibt, daß all sein Tun und Einsatz das Böse nie werden endgültig aus der Welt verbannen können, daß der „Pest-Bazillus" niemals ganz von der Erde verschwinden wird, so kann er darin keinen Grund finden, seinen Kampf etwa weniger erbittert zu führen. Indem er sein Teil dazu beiträgt, das Leiden der Menschen zu vermindern, setzt er dem an sich sinnlosen Leben (und Leiden) in seiner Person Sinn entgegen und vermag damit die Pest und den Tod zu überwinden Um anderes geht es ihm nicht. Gefühlsbedingt-caritative Momente spielen auch hier wieder keine Rolle.

Anders die Motive Tarrous. Er fühlt sich von seinem Vater, einem Generalstaatsanwalt, der in Wirklichkeit in seinen Augen ein Zuhälter des Todes ist, moralisch infiziert. Eines Tages ist er von zu Hause entwichen, nachdem er der Verkündung eines Todesurteils beigewohnt hat und später einer Hinrichtung selbst. Seither ist er entschlossen, dem Tod und der Tötung überall kämpfend entgegenzutreten, wo immer er ihnen begegnet. Er ist überzeugt, daß nichts auf der Welt ein Todesurteil zu rechtfertigen vermag. Indem er sich zum Anführer eines Freiwilligen-Einsatzes im Kampf gegen die Pest macht, büßt er, in voller Übereinstimmung mit der Konsequenz, zuletzt sein Leben ein. Vielleicht ist er so ein „Heiliger ohne Gott" geworden.

Rambert ist im Auftrag einer Zeitung in Oran; er erlebt den Ausbruch der Seuche zufällig mit. Er versucht, dem Schrecken und der persönlichen Bedrohung zunächst zu entfliehen, hauptsächlich, um zu der Frau zurückkehren zu können, die er liebt. Doch kommt er mit seinen Bemühungen zu spät, er muß ausharren und bleibt nun an der Seite Rieux', bis am Ende der Epidemie die Stadt ihn wieder freigibt. Ein Gereifter, geht er aus der Mitte des Leidens hervor.

Und dann ist der große Gegenspieler da: der Jesuitenpater Paneloux, der versucht, der Bevölkerung die Geißel Gottes als Strafe für ihre Sünden zu deuten, und der ihr den Trost der Kirche bringt. „Meine Brüder, ihr seid im Unglück, meine Brüder, ihr habt es verdient."

Es ist seine Christenpflicht, die ihn seinerseits gegen die

Seuche mitkämpfen heißt, doch er kann nicht verhindern, daß solcher Katastrophen-Einsatz ihn nach einer Weile verdüstert. Von der Schwere des Erlebens niedergebeugt, fügt er sich in den Willen Gottes ohne zu murren, bis in den einsamen Tod. Doch bleibt er in Wirklichkeit dem Leiden der Menschen gegenüber passiv. Rieux bringt für ihn nicht mehr als distanzierten Respekt auf, weder Verständnis noch Sympathie.

Das düstere Panorama einer unter den Züchtigungen der Seuche dahinsiechenden Stadt ist eine wiederum wunderbar klare Verbildlichung der Einsichten und der Botschaft Camus' wenige Jahre nach Ende des ärgsten Leidens der Menschen im zweiten Weltkrieg. Die Pest verkörpert den Widerruf jeglichen atmenden Lebens und all das, was auf der Welt dem Morden und Töten Vorschub leistet. Es sind nicht nur die Kriege selbst, sondern schon jegliche Überbürokratisierung, jeglicher Atomatismus, der Menschen einspannt und sie als Menschen dabei vergißt, der Gefahr heraufbeschwört, Menschen zu „verstümmeln", ein Wort, das in Camus' Appellen an des Menschen Vernunft und Verantwortung häufig wiederkehrt. Hören wir zuletzt Camus selbst aus seinen Aufzeichnungen zu uns sprechen:

„Ich möchte durch das Mittel der Pest das Gefühl des Erstickens ausdrücken, an dem wir alle litten, und die Atmosphäre der Drohung und Verbannung, in der wir lebten. Gleichzeitig will ich meine Deutung auf den Begriff der Existenz im allgemeinen ausdehnen!"

Wir sehen aus dieser Äußerung klar, daß es dem Dichter darum zu tun war, „Die Pest" nicht ausschließlich aus ihren Zeitbezügen verstanden zu wissen. Wohl waren diese der Anlaß gewesen, das Buch entstehen zu lassen, doch langte der Dichter hinter die Zeiterscheinung zurück und enthüllte noch einmal am überdeutlichen Beispiel die absurde Lebenssituation des Menschen überhaupt. Und gemäß seiner im „Mythos des Sisyphos" ausgeführten Erkenntnis und Forderung an den Menschen entwickelte er die Gestalt des Dr. Rieux, dem es sogar möglich wird, andere seinem Beispiel nachfolgen zu lassen.

Es ist immer wieder die Frage aufgeworfen worden, ob nicht Camus mit seinem Dr. Rieux doch unbewußt einen Träger christlicher Ideale und christlicher Nächstenliebe schon in „Die Pest" eingeführt habe. Besonders die Theologen, denen sehr daran gelegen ist, einen sittlich so hochstehenden Menschen wie Camus für ihre Verkündigung zu „retten", haben dies immer wieder zu

ihren Gunsten beantwortet wissen wollen. Doch ist diese Frage
— glaube ich — entschieden zu verneinen. Camus bezeichnet sich
selber, wie Tarrou, als Atheisten. Und sein Gutes, daß er selber
wirkte und seine Gestalten wirken ließ, war immer der Ausdruck
eines bewußten Vernunftsverhaltens, niemals der eines gnadenvollen Erwähltseins im Sinne göttlicher Offenbarung. Nur so ist
das Ethos seiner grandiosen Pest zu verstehen: der Dichter bekundet in ihm seine Ehrfurcht vor allem Lebendigen. Im Wissen
um die Vergänglichkeit alles Lebendigen ist er bemüht, dem Menschen dieses so lange und so ungetrübt wie möglich erhalten zu
helfen, zumal er weiß, daß das Leben der Menschen einziger und
einmaliger Besitz ist. Das ist Camus' Moral, und er ist ein großer
Moralist, einer der größten unseres Jahrhunderts. In seiner moralischen Entäußerung jedoch ein religiöses Zeugnis zu sehen,
hieße ihn gründlich mißverstehen. Rieux' Worte zu Paneloux sind
uneingeschränkt mit der Meinung Camus' identisch:
„Das Heil der Menschen ist ein zu großes Wort für mich. Ich gehe
nicht so weit. Mich geht ihre Gesundheit an, zu allererst ihre Gesundheit... Im Augenblick gibt es Kranke, die geheilt werden
müssen. Da die Weltordnung durch den Tod bestimmt wird, ist
es vielleicht besser für Gott, wenn man nicht an ihn glaubt und
dafür mit aller Kraft gegen den Tod ankämpft, ohne die Augen
zu dem Himmel zu erheben, wo er schweigt."

(Coral Petersen)

DIE WENDUNG ZUM GEMEINSCHAFTSBEZOGENEN DENKEN

Mit den Briefen an einen deutschen Freund, von denen der vierte
der bedeutsamste ist, vollzieht sich in Camus' Denken und Leben
eine entscheidende Wende: innerlich die Abkehr von einem ichbezogenen zu einem gemeinschaftsbezogenen Denken, äußerlich
das persönliche Engagement, der Einsatz für die Gemeinschaft,
der Verzicht auf künstlerische Produktion und eine als parasitär
empfundene Existenz zugunsten einer politischen Aktion. An der
Grundauffassung von Camus, daß die Ordnung unserer Welt sinnlos, absurd sei, weil sie im Gegensatz zu den Forderungen der
naturgegebenen menschlichen Ratio stehe, hat sich auch durch
die Entdeckung des „andern" Menschen als eines Leidens- und
Schicksalsgenossen nichts geändert. Verstärkt hat sich lediglich

in ihm das Bewußtsein, daß der Mensch in dieser negativ beurteilten Welt den einzigen positiven Wert darstelle, weil er allein das Verlangen nach einem Sinn der Welt geltend mache. Wenn es aber schon nicht möglich sei, den Menschen vor dem Tod und, ganz allgemein, vor einem ungerechten Schicksal zu retten, so dürfe der Mensch selbst nichts dazu tun, um das Leben seiner Mitmenschen zu beeinträchtigen und dadurch seinerseits das Unrecht in der Welt noch zu vermehren. Jeder müsse sich vielmehr für die Gerechtigkeit einsetzen und aus Protest gegen die notorisch ungerechte Weltordnung die diesseitige Existenz des Menschen erträglicher und glücklicher gestalten. Das ist die gedankliche Quintessenz des vierten Briefes der Lettres à un ami allemand, der dieses äußerst wichtige Übergangswerk, gleichsam die Klammer zwischen den beiden Entwicklungs- und Schaffensperioden von Camus, abschließt.

Dieses neue Gemeinschaftserlebnis und die verschiedenen Aspekte und Zonen der zwischenmenschlichen Beziehungen hat Camus zum ersten Male künstlerisch in seinem Roman **La Peste** (1947) gestaltet. In einen Bereich höchster Lebensbedrohung, in die existentialistische „Grenzsituation", hineingestellt — mag man die Pest konkret als Seuche oder als Symbol für Krieg, Besatzungszeit oder das Leben selbst ansehen — nehmen die drei Hauptpersonen dieses Werkes: Rieux, Rambert und Tarrou, von denen keiner an Gott oder ein Jenseits glaubt, mit gleicher Energie, wenn auch aus verschiedenen Motiven, den Kampf gegen die Gegebenheiten der menschlichen Existenz, insbesondere gegen den Tod als ihre vorzeitige Verkürzung und ihr endgültiges Auslöschen, um des einzelnen Menschen willen auf.

Der Arzt Rieux tut das im vollen Bewußtsein des provisorischen Charakters seiner Siege über den Tod. Er ist in dieser Hinsicht noch ganz ein Heros des Absurden, aber auch ein metaphysischer Rebell wie Sisyphus. Doch wird sein Einsatz für die Verteidigung des Menschen gegenüber einem unverdienten, ungerechten Schicksal — und das ist das entscheidend Neue — durch ein Gefühl tiefer Verpflichtung und Schicksalssympathie bestimmt sowie von einem großen Vertrauen in den Menschen getragen, der seiner Ansicht nach eher gut als böse ist und oft nur böse erscheint, weil er in Unwissenheit handelt.

Der Journalist Rambert will bei Ausbruch der Pest um seiner Geliebten, also um seines persönlichen Glückes willen, die Stadt Oran verlassen, bleibt aber dann doch, weil er sich schämt, allein

glücklich sein zu wollen, obwohl ihn Rieux, durchaus aufrichtig, von der Irrigkeit einer solchen Meinung zu überzeugen sucht. Als aber Rambert ihn fragt, ob Rieux und sein Freund Tarrou ihrerseits denn nicht auch endgültig auf jedes persönliche Glück verzichtet hätten, antwortet Rieux etwas sibyllinisch, scheinbar sich widersprechend, tatsächlich jedoch absolut eindeutig:
Rien au monde ne vaut qu'on se détourne de ce qu'on aime. Et pourtant je m'en détourne aussi, sans que je puisse savoir pourquoi Rieux bejaht damit ebenso das persönliche Glücksverlangen, die Liebe des Einzelnen zum Leben, wie er andererseits den zwingenden Anspruch der Gemeinschaft auf gewisse Opfer des Einzelnen in Situationen anerkennt, in denen es um das Schicksal des Menschen als solchen geht. Als Gestalt repräsentiert so Rieux in „Die Pest" die Gleichgewichtslage der Antinomie von liberté und justice, des unvereinbaren Anspruchs auf Glück, den ein jeder von uns für sich und den die andern mit dem gleichen Recht für ihre Belange erheben, Rambert dagegen im Prinzip die Extremposition des rein ichbezogenen Glücksanspruchs, während die dritte Figur Tarrou, der ein „Heiliger ohne Gott" sein möchte, die extreme Gegenposition einer beinahe menschenunmöglichen Entpersönlichung und Selbstaufgabe im Dienste der Gemeinschaft, des Glücks der andern, darstellt.

In der Gestalt von Rieux, der weder Heiliger noch heroischer Kämpfer für irgendeine Idee, sondern nur Mensch sein will, der seinen Einsatz für die andern unter vorübergehendem Verzicht auf eigenes Glück als einen selbstverständlichen Akt innerer honnêteté ansieht, der den harmonischen Ausgleich der Antinomie von liberté und justice, wie bereits gesagt, in sich verkörpert und in dem die Dreiheit der Hauptgestalten in idealer Einheit zusammenfällt, hat Camus das bisher vollkommenste und lebensnahste Abbild seiner menschlichen und geistigen Persönlichkeit geschaffen. Das humane Fluidum, das von dieser ungemein sympathischen Romanfigur ausgeht, gibt dem Dichter zugleich die Möglichkeit, die wirklich vollzogene innere Annäherung an den als Schicksalsgenossen erkannten und anerkannten Mitmenschen unter Beweis zu stellen, praktisch durch die Art, wie Rieux anderen Menschen begegnet, theoretisch durch die hohe Bedeutung, die er den zwischenmenschlichen Beziehungen in seinen Äußerungen beilegt. Für ihn ist diese „Welt ohne Liebe eine tote Welt", da die Liebe, die chaleur humaine, allein imstande sei, „alles vergessen zu lassen". Wenn daher Rieux nach dem Erlöschen der

Pest, nach den enttäuschenden Erfahrungen menschlicher Unzulänglichkeit und menschlicher Ohnmacht gegenüber einem schicksalhaften Geschehen, beim Anblick des Glücks der wieder vereinigten Liebenden mit Genugtuung feststellt, daß von Zeit zu Zeit wenigstens die Freude jene belohne, die sich mit den Gegebenheiten der diesseitigen menschlichen Existenz, mit dem Menschen und mit seiner armseligen, gewaltigen Liebe begnügen, so ist das eine Feststellung von grundsätzlicher Wichtigkeit für Camus. Sie bedeutet nämlich, daß der Einbuße des Einzelnen an Freiheit und Glück durch Rücksichtnahme auf den Mitmenschen, durch Erkenntnis und Anerkenntnis der menschlichen Schicksalsgemeinschaft, ein vollwertiges Äquivalent in der Freundschaft, in der Liebe und in dem Solidaritätsgefühl entspricht, was im Rahmen der immanenten Transzendenz von Camus' Lebensdynamik eine entscheidende Korrektur und wesentliche innere Bereicherung und Konsolidierung seiner geistigen Existenz ist.

(Hans Jeschke)

CAMUS' HUMANISMUS

Camus' Humanismus, die allgemeingültigen, positiven Werte dieses Humanismus, jene große brüderliche Liebe zum Menschen, der auch in der Armut seine seelische Noblesse bewahrt, jene bewußte Akzeption der Not, jene Entsagung im Geist des heiligen Franziskus von Assisi, haben sich wie selbstverständlich zu einem Willen der Solidarität, zur Hingabe, zur Nächstenliebe entfaltet. Die unvergeßlichen Helden aus dem Roman „Die Pest" legen von einer zwar rein profanen, aber tätigen und selbstlosen Nächstenliebe Zeugnis ab und versinnbildlichen einen höchst gesunden und fruchtbaren Realismus. Rambert ist ein Journalist, der nach Oran gekommen ist, um gewöhnliche Reportagen zu schreiben; er weigert sich zuerst, jene Welt des Grauens zu akzeptieren, die die Pest erzeugt: er hat eine Geliebte, die er schützen will, und er denkt an Flucht. Bald aber begreift er, daß diese „sinnlose Geschichte" der verhängnisvoll leidenden Menschheit „eben uns alle betrifft". Er bleibt also, denkt nicht mehr an sich, gibt sich hin, übt seinen Beruf eines Menschen aus und wird eben dadurch zum wahren Menschen. Gleichfalls aus einfachem Berufsethos opfern sich die zwei Hauptfiguren des Romans, Dr. Rieux und Tarrou, gänzlich im Dienst der Kranken auf. Ihr tagtäglicher

Altruismus will überhaupt nicht Egoismus sein, eine romantische Zurschaustellung und ein uneingestandenes Bedürfnis nach großen Taten und großen Gefühlen:

„Mißt man schönen Taten eine allzu große Bedeutung bei", bemerkt Camus in seinem Roman „Die Pest", „so erweist man schließlich dem Bösen eine ehrenvolle und eindrucksvolle Huldigung. Man gibt dann zu bedenken, daß diese großen Taten nur so schön sind, weil sie selten geschehen und weil größtenteils Böswilligkeit und Gleichgültigkeit die Menschen bewegen. Dies ist aber eine Meinung, die der Autor nicht teilt. Darum will er den menschlichen Willen und das Heldentum, denen er nur eine mäßige Bedeutung zuschreibt, nicht allzu laut besingen."

Dies ist auch die Überzeugung von Camus' Helden: dadurch, daß sie Sanitätsmannschaften aufstellen oder jeden Tag freiwillig die Gefahr der Ansteckung auf sich nehmen, wollen sie gar nicht glorreich in die Geschichte der Stadt eingehen, sondern einfach Menschen sein, ihren Menschenberuf ausüben, „anständig" (honnête) sein.

„Freilich", sagt eines Tages Rambert zu Tarrou, „der Mensch ist zu großen Taten fähig. Von Leuten aber, die für ein System sterben, will ich nichts hören. Ich glaube nicht an den Heroismus: ich weiß, daß er leicht ist, und ich habe auch erfahren, daß er zum Mord führt." — „Sie haben recht, Rambert!" stimmt Rieux ihm zu, „ganz recht! Um nichts in der Welt möchte ich Ihnen davon abraten, das zu tun, was mir gerecht und gut zu sein scheint. Ich muß Ihnen aber folgendes sagen: Es geht dabei gar nicht um Heroismus. Es handelt sich einfach um Anständigkeit (honnêteté). Ich weiß zwar nicht, was Anständigkeit in abstracto ist. In meinem Fall aber weiß ich, daß die Anständigkeit eben darin besteht, meinen Beruf auszuüben."

Einige Tage später stimmt Rieux mit Tarrou vollkommen überein, der erklärt hatte, seine einzige irdische Aufgabe bestehe darin, „den Menschen zu helfen und ihnen, wenn man sie nicht retten kann, zumindest möglichst wenig Böses zuzufügen und manchmal sogar etwas Gutes zu tun." Dies ist eben die Mission von Rieux selbst, für den die einzige Lebensphilosophie der einfache Dienst am Menschen ist und der bewußt sein Bekenntnis zum Ausdruck bringt:

„Ich fühle mich mit den Besiegten enger verbunden als mit den Heiligen. Ich glaube, daß ich am Heldentum und an der Heiligkeit keinen Geschmack finde. Was mich interessiert, ist ein Mensch zu sein." Der Glaube an den Menschen, als Quelle des Mitgefühls und der selbstlosen Hingabe, ist eben schließlich die Hauptlektion des ganzen Romans, und dies bildet einen bedeutenden Teil von Camus' Schaffen und Botschaft. (André Espiau de La Maestre)

KERNSTELLEN AUS DEM ROMAN „DIE PEST" VON ALBERT CAMUS

„Ich habe die unumstößliche Gewißheit, sagte Tarrou, daß jeder die Pest in sich trägt, weil kein Mensch, nein, kein Mensch auf der ganzen Welt frei davon ist. Und daß man sich ohne Unterlaß überwachen muß, um nicht in einem Augenblick der Zerstreutheit dazu zu kommen, einem anderen ins Gesicht zu atmen und ihm die Krankheit anzuhängen. Was naturgegeben ist, das sind die Mikroben. Alles übrige, die Gesundheit, die Rechtlichkeit, die Reinheit, wenn Sie wollen, ist eine Folge des Willens, und zwar eines Willens, der nie erlahmen darf. Der ehrliche Mensch, der fast niemanden ansteckt, ist jener, der sich am wenigsten ablenken läßt. Und wieviel Willen und Anspannung braucht es, um nie zerstreut zu sein! Ja, Rieux, es ist sehr anstrengend, pestkrank zu sein. Aber es ist noch anstrengender, es nicht sein zu wollen. Deshalb sind alle Leute so müde, weil heute alle Leute ein wenig pestkrank sind. Aber deshalb erleben einige wenige, die nicht mehr krank sein wollen, eine so übergroße Erschöpfung, von der sie nichts mehr befreien wird als der Tod ...
Ich sage nur, daß es auf dieser Erde Geißeln und Opfer gibt, und daß man versuchen muß, möglichst nicht auf der Seite der Geißeln zu stehen. Das erscheint Ihnen vielleicht etwas einfältig, und ich weiß nicht, ob es einfältig ist, ich weiß nur, daß es wahr ist...
Deshalb habe ich mich entschlossen, mich jederzeit auf die Seite der Opfer zu stellen, um den Schaden zu verringern. Inmitten der Opfer kann ich wenigstens suchen, wie man zur dritten Gruppe gelangt, das heißt, zum Frieden."
Nach einem Augenblick des Schweigens richtete der Arzt sich ein wenig auf und fragte, ob Tarrou eine Vorstellung von dem Weg habe, den man einschlagen müsse, um zum Frieden zu kommen.
„Ja", sagte Tarrou, „das Mitgefühl. Eigentlich möchte ich gerne wissen, wie man ein Heiliger wird."
„Aber Sie glauben ja nicht an Gott."
„Eben. Kann man ohne Gott ein Heiliger sein, das ist das einzig wirkliche Problem, das ich heute kenne."

„Ich fühle mich mit den Besiegten enger verbunden als mit den Heiligen", erwiderte der Arzt. „Ich glaube, daß ich am Heldentum und an der Heiligkeit keinen Geschmack finde. Was mich interessiert, ist ein Mensch zu sein."
„Ja, sagte Tarrou, „wir suchen das gleiche, nur bin ich weniger anspruchsvoll."
Rieux glaubte, Tarrou scherze, und er schaute ihn an. Aber in dem schwachen Leuchten des Himmels sah er ein trauriges, ernstes Gesicht...

Pater Paneloux hielt seine zweite Predigt an einem stürmischen Tag. Um die Wahrheit zu sagen, waren die Reihen der Zuhörer lichter als bei der ersten Predigt. Denn diese Art Schauspiel hatte für unsere Mitbürger den Reiz der Neuheit verloren. Unter den schwierigen Verhältnissen, in denen die Stadt lebte, hatte selbst das Wort „Neuheit" seinen Sinn verloren. Im übrigen hatten die meisten Leute, wenn sie ihre religiösen Pflichten nicht völlig vernachlässigten oder mit einem äußerst unmoralischen Lebenswandel verbanden, die gewöhnlichen Glaubensübungen durch ziemlich vernunftswidrigen Aberglauben ersetzt. Sie trugen lieber einen Talisman oder Amulette des heiligen Rochus, als daß sie zur Messe gingen.
So diente der Aberglaube unseren Mitbürgern als Religion, und das war der Grund, weshalb Paneloux vor einer nur zu drei Vierteln gefüllten Kirche predigte. Als Rieux am Abend der Predigt eintraf, drang der Wind in kleinen Luftzügen durch die angelehnten Türflügel und wehte ungehindert durch die Reihen der Zuhörer. Und der Arzt nahm in einer eiskalten, schweigenden Kirche, inmitten einer Zuhörerschaft Platz, die ausschließlich aus Männern zusammengesetzt war. Dann sah er den Pater die Kanzel besteigen. Er sprach in sanfterem, überlegterem Tone als das erstemal, und die Zuhörer bemerkten mehrmals ein gewisses Zögern in seinen Worten. Seltsam war auch, daß er nicht mehr „ihr" sagte, sondern „wir".
Seine Stimme wurde indessen allmählich fester. Zunächst erinnerte er daran, daß die Pest seit langen Monaten unter uns war und daß wir vielleicht jetzt besser aufnehmen könnten, was sie uns sagte und was wir in der ersten Überraschung vielleicht nicht richtig angehört hatten. Denn jetzt kannten wir sie besser, nachdem wir so manches Mal gesehen hatten, wie sie sich an unserem Tisch oder am Lager derer, die wir liebten, niederließ;

wie sie neben uns einherging und an unserer Arbeitsstätte auf unser Kommen wartete. Was Pater Paneloux schon an der gleichen Stelle gepredigt hatte, blieb wahr — dies war zumindest seine Überzeugung. Aber vielleicht hatte er es ohne Nächstenliebe gedacht und gesagt, wie das uns allen widerfuhr, und damit meinte er auch sich. Wahr blieb jedoch, daß es in allen Dingen immer etwas zu lernen gab. Auch die grausamste Prüfung war für den Christen noch Gewinn. Und das war es gerade, was der Christ suchen mußte, seinen Gewinn, und worin der Gewinn bestand und wie man ihn finden konnte... Und er würde denen, die ihn an diesem Tage anhörten, furchtlos sagen: „Meine Brüder, der Augenblick ist gekommen. Es gilt, alles zu glauben oder alles zu leugnen. Und wer unter euch wagte es, alles zu leugnen?"

Rieux hatte kaum Zeit, zu denken, daß die Worte des Paters an Ketzerei grenzten, als dieser schon mit Kraft weiterfuhr, um zu erklären, dieser ausdrückliche Befehl, diese reine Forderung sei der Gewinn des Christen. Und auch seine Tugend. Der Pater wußte, daß das Übermäßige der Tugend, von der er jetzt sprechen wollte, viele Geister verletzen werde, die eine nachsichtigere und klassischere Moral gewöhnt waren. Aber die Religion der Pestzeit konnte nicht die Religion aller Tage sein, und wenn Gott zulassen und sogar wünschen konnte, daß die Seele sich in den Zeiten des Glückes ausruhe und erfreue, so wollte er sie übermäßig im Übermaß des Unglücks. Gott erwies seinen Geschöpfen heute die Gnade, sie in ein solches Unglück zu stürzen, daß sie die höchste Tugend wiederfinden und auf sich nehmen mußten, welche die Forderung des Alles oder Nichts war

Paneloux hielt inne, und Rieux hörte jetzt den Wind, dessen Wucht sich draußen zu verdoppeln schien, deutlicher durch die Ritzen der Türen pfeifen. Der Pater sagte in diesem Augenblick, daß die Tugend der völligen Annahme, von der er sprach, nicht in dem beschränkten Sinn verstanden werden durfte, den man ihr für gewöhnlich gab, daß es sich nicht um die einfache Ergebung handelte und nicht einmal um die schwierige Demut. Es handelte sich um Erniedrigung, aber um eine Erniedrigung, in die der Erniedrigte einwilligte. Gewiß, das Leiden eines Kindes war erniedrigend für den Geist wie für das Herz. Aber deshalb mußte man darin eindringen. Aber, und Paneloux versicherte seinen Zuhörern, daß das, was er zu sagen habe, nicht leicht zu sagen sei, deshalb mußte man es wollen, weil Gott es wollte. Nur so werde der Christ sich nichts ersparen und, nachdem jeder Ausweg

versperrt sei, bis auf den Grund der entscheidenden Wahl gehen. Er werde wählen, alles zu glauben, um nicht gezwungen zu sein, alles zu leugnen. Der Christ werde es verstehen, sich Gottes Willen ganz zu überlassen, selbst wenn er unverständlich war...
Hier berichtete Pater Paneloux von der hohen Gestalt des Bischofs Beizunce während der Pest von Marseille. Er erinnerte daran, daß sich der Bischof gegen Ende der Epidemie mit Lebensmitteln in seinem Hause einmauern ließ, nachdem er alles unternommen hatte, was er tun mußte, und glaubte, daß es keine Rettung mehr gebe; daß aber die Einwohner, deren Abgott er war, in einer Umkehrung der Gefühle, wie man sie im Übermaß des Leidens empfindet, sich gegen ihn erzürnten, sein Haus mit Toten umgaben, um ihn anzustecken, und sogar noch Leichen über die Mauer warfen, um ihn desto sicherer zu verderben. So hatte der Bischof in einer letzten Schwäche geglaubt, er könne sich in der Welt des Todes absondern, und die Toten fielen ihm vom Himmel auf den Kopf. So war es auch mit uns, die wir uns überzeugen mußten, daß es in der Pest keine Insel gibt. Nein, es gab keinen Mittelweg. Man mußte die empörende Schmach zulassen, weil uns nur die Wahl blieb, Gott zu hassen oder zu lieben. Und wer wagte es, sich für den Haß Gottes zu entscheiden?
Endlich erklärte Paneloux, er komme nun zum Schluß, und sagte: „Meine Brüder, die Liebe zu Gott ist eine schwierige Liebe. Sie setzt die völlige Selbstaufgabe und Selbstverleugnung voraus. Das ist die schwierige Lehre, die ich mit euch teilen wollte. Das ist der in den Augen der Menschen grausame, vor Gott jedoch entscheidende Glaube, dem man sich nähern muß. Diesem furchtbaren Bild müssen wir uns angleichen. Auf diesem Höhepunkt wird alles verwischt und gleichgemacht, und die Wahrheit wird aus der scheinbaren Ungerechtigkeit hervorbrechen."

Tarrou sagte: „Glauben Sie, wie Paneloux, daß die Pest auch ihr Gutes hat, daß sie die Augen öffnet, daß sie zum Denken zwingt?"
Der Arzt Rieux schüttelte ungeduldig den Kopf:
„Wie alle Krankheiten dieser Erde. Was für die Übel dieser Welt gilt, gilt auch für die Pest. Das kann ein paar wenigen dazu verhelfen, größer zu werden. Wenn man jedoch das Elend und den Schmerz sieht, welche die Pest bringt, muß man wahnsinnig, blind oder feige sein, um sich mit ihr abzufinden."
Rieux hatte seine Stimme kaum erhoben. Aber Tarrou machte eine Handbewegung, als wollte er ihn beruhigen. Er lächelte.

„Glauben Sie an Gott, Herr Doktor,"
Auch diese Frage war natürlich gestellt. Aber diesmal zögerte Rieux.
„Nein, aber was heißt das schon? Ich tappe im Dunkeln, und ich versuche, darin klar zu sehen."
„Ist es nicht das, was Sie von Paneloux scheidet?"
„Ich glaube nicht. Paneloux ist ein Büchermensch. Er hat nicht genug sterben sehen und deshalb spricht er im Namen einer Wahrheit. Aber der geringste Priester, der auf dem Lande seine Gemeinde betreut und dem Atem eines Sterbenden gelauscht hat, denkt wie ich. Er wird dem Elend zu steuern versuchen, ehe er es unternimmt, seine Vorzüge aufzuzeigen."
Rieux erhob sich, sein Gesicht war jetzt im Schatten. Tarrou lächelte, ohne sich zu rühren.
„Sehen Sie," sagte Tarrou, „weshalb zeigen Sie selbst so viel Aufopferung, wenn Sie doch nicht an Gott glauben?"
Ohne aus dem Schatten herauszutreten, erwiderte Rieux, daß er schon geantwortet habe. Wenn er an einen allmächtigen Gott glaubte, würde er aufhören, die Menschen zu heilen und diese Sorge ihm überlassen. Aber kein Mensch auf der ganzen Welt, nein, nicht einmal Paneloux, glaube an einen solchen Gott, obwohl er daran zu glauben glaube, denn es gebe sich ihm ja niemand völlig hin, und er, Rieux, glaube wenigstens in dieser Beziehung auf dem Wege zur Wahrheit zu sein, indem er gegen die Schöpfung, so wie sie sei, ankämpfe.
„Ah!", sagte Tarrou, „dies ist also das Bild, das Sie sich von Ihrem Beruf machen?"
„Ungefähr", antwortete der Arzt und trat wieder ins Licht. „Ich weiß weder, was meiner wartet, noch, was nach all dem kommen wird. Im Augenblick gibt es Kranke, die man heilen muß. Nachher werden sie nachdenken, und ich auch. Aber dringlich ist nur, daß man sie heilt. Ich verteidige sie, so gut ich kann, das ist alles... Und da die Weltordnung durch den Tod bestimmt wird, ist es vielleicht besser für Gott, wenn man nicht an ihn glaubt und dafür mit aller Kraft gegen den Tod ankämpft, ohne die Augen zum Himmel zu erheben, wo er schweigt."
„Ja", stimmte Tarrou zu, „ich verstehe. Nur werden Ihre Siege immer vorläufig bleiben, das ist alles."
Rieux' Gesicht schien sich zu verdüstern. „Immer, ich weiß. Das ist kein Grund, den Kampf aufzugeben."
„Nein, das ist kein Grund. Aber nun kann ich mir vorstellen, was

die Pest für Sie bedeuten muß."
„Ja", sagte Rieux, „eine endlose Niederlage."
Tarrou schaute den Arzt einen Augenblick fest an, dann stand er auf und ging mit schweren Schritten zur Türe. Und Rieux folgte ihm. Er erreichte ihn schon, als Tarrou, der seine Füße zu betrachten schien, sagte:
„Wer hat Sie das alles gelehrt, Herr Doktor?"
Die Antwort kam augenblicklich:
„Das Elend."

„Ich verstehe", murmelte Paneloux. „Es ist empörend, weil es unser Maß übersteigt. Aber vielleicht sollen wir lieben, was wir nicht begreifen können."
Rieux richtete sich mit einem Schlag auf. Mit der ganzen Kraft und Leidenschaft, deren er fähig war, schaute er Paneloux an und schüttelte den Kopf.
„Nein", Pater", sagte er. „Ich habe eine andere Vorstellung von der Liebe. Und ich werde mich bis in den Tod hinein weigern, die Schöpfung zu lieben, in der Kinder gemartert werden."
Ein bestürzter Schatten huschte über Paneloux' Gesicht.
„Ach, Herr Doktor", sagte er traurig, „eben habe ich erkannt, was man Gnade heißt."
Aber Rieux war von neuem auf seiner Bank zusammengesunken. Seine Müdigkeit war zurückgekehrt und ließ ihn sanfter antworten.
„Die habe ich nicht, ich weiß. Aber ich will nicht mit Ihnen darüber streiten. Wir arbeiten miteinander für etwas, das uns jenseits von Lästerung und Gebet vereint. Das allein ist wichtig."
Paneloux setzte sich neben Rieux. Er schien bewegt.
„Ja", sagte er, „auch Sie arbeiten für das Heil der Menschen."
Rieux versuchte zu lächeln: „Das Heil der Menschen ist ein zu großes Wort für mich. Ich gehe nicht so weit. Mich geht ihre Gesundheit an, zuallererst ihre Gesundheit."
Paneloux streckte die Hand aus und sagte traurig:
„So habe ich Sie doch nicht überzeugt!"
„Was tut das schon?" fragte Rieux. „Was ich hasse, ist der Tod und das Böse, das wissen Sie ja. Und ob Sie es wollen oder nicht, wir stehen zusammen, um beides zu erleiden und zu bekämpfen."
Rieux hielt Paneloux' Hand fest.
„Sehen Sie", sagte er und vermied es, ihn anzuschauen, „jetzt kann Gott selber uns nicht scheiden."

Auf allen Plätzen tanzte man. Der Verkehr hatte von einem Tag zum andern beträchtlich zugenommen, und die zahlreicher gewordenen Autos kamen in den überfüllten Straßen nur mühsam vorwärts. Die Glocken der Stadt läuteten den ganzen Nachmittag mit aller Kraft. Mit ihren Schwingungen erfüllten sie einen blaugoldenen Himmel. In den Kirchen wurden Dankgebete gesprochen. Aber zur gleichen Zeit waren die Vergnügungsorte zum Bersten voll, und in den Kaffeehäusern wurde unbekümmert um die Zukunft der letzte Alkohol ausgeschenkt. An den Schanktischen drängte sich eine gleichermaßen erregte Menschenmenge, darunter viele eng umschlungene Paare, die sich nicht vor Zuschauern scheuten. Alle schrien oder lachten. Den Vorrat an Leben, den sie während der Monate angelegt hatten, da ihr Lebensflämmchen nur noch ganz niedrig brannte, gaben sie an dem einen Tag aus, der der Tag ihres Überlebens war ...

Inmitten des Getümmels bekräftigten diese entrückten, eng umschlungenen Paare, mit dem ganzen Jubel und der Ungerechtigkeit des Glücks, daß die Pest zu Ende und die Zeit des Grauens abgelaufen war. Sie leugneten in aller Ruhe und entgegen jedem Augenschein die Tatsache, daß wir je die wahnwitzige Welt gekannt hatten, in der die Ermordung eines Menschen ebenso alltäglich war wie der Tod der Fliegen. Sie leugneten jene ganz besondere Verwilderung, jene berechnete Raserei, jene Gefangenschaft, die eine entsetzliche Freiheit gegenüber allem, was nicht die Gegenwart war, mit sich brachte, jenen Todesgeruch, der alle, die er nicht tötete, betäubte. Sie leugneten schließlich, daß sie jenes erstarrte Volk gewesen waren, von dem jeden Tag ein Teil in den Rachen eines Ofens geworfen wurde und in zähem Qualm aufging, während der andere Teil von Ohnmacht und Angst gekettet wartete, bis die Reihe an ihn komme ...

Die Menschen blieben sich immer gleich. Aber das war ihre Kraft und ihre Unschuld, und hierin fühlte Rieux sich ihnen über allen Schmerz hinweg verwandt. Inmitten des Jubels beschloß Rieux, den Bericht zu verfassen, der hier zu Ende geht. Denn er wollte nicht zu denen gehören, die schweigen, er wollte vielmehr für die Pestkranken Zeugnis ablegen und wenigstens ein Zeichen zur Erinnerung an die ihnen zugefügte Ungerechtigkeit und Gewalt hinterlassen; er wollte schlicht schildern, was man in den Heimsuchungen lernt, nämlich, daß es an den Menschen mehr zu bewundern als zu verachten gibt.

CAMUS' ROMAN „DIE PEST"
IM URTEIL DER LITERATURKRITIK

Camus' Roman „Die Pest" ist eine einzige Anklage gegen Gott. Denn wenn es ihn gibt — und die Anklage setzt ja die Existenz des Angeklagten voraus — ist er nach Camus verantwortlich für Leid und Verbrechen in der verpesteten Welt. Der Arzt Rieux, fingierter Chronist und unermüdlicher Pestbekämpfer, will Gott noch damit entgegenkommen, daß er zu seinen Gunsten annimmt, er existiere nicht, um ihn nicht verurteilen zu müssen: „Da die Weltordnung vom Tod geregelt wird, ist es vielleicht besser für Gott, daß man nicht an ihn glaubt und mit all seinen Kräften gegen den Tod ankämpft, ohne die Augen zum Himmel zu erheben, wo er schweigt." Gott schweigt: das behauptet nicht nur Rieux, das sagt auch Tarrou, der scharfe, lieblose Beobachter seiner Umwelt, der später die Sanitätskolonnen gründet, um da zu helfen, wo Gott angeblich versagt hat. Aber nicht nur diese beiden klagen Gott an, diese Klage durchzieht vielmehr das gesamte Werk von Camus.

(Herbert Gillessen)

Die Haltung der Hauptpersonen des Romans „Die Pest" von Albert Camus entspricht der agape, der caritas, der christlichen Nächstenliebe — aber der Roman klingt aus, ohne daß diese Haltung mit dem Pathos eines formelhaften Namens belegt worden wäre, der gerade wegen seiner Formelhaftigkeit notwendig auch mit konventionellen Vorstellungen behaftet wäre.

(Alfred Noyer-Weidner)

Camus, der 1960 erst 47jährig einem Autounfall erlag, hat kein umfangreiches Werk hinterlassen, aber eins, dessen inneres Profil sich rasch heraushebt. „Der Fremde", „Der Mythos von Sisyphos", „Die Pest", „Der Mensch in der Revolte" haben schnell Weltgeltung erlangt durch die Eindeutigkeit ihres Bekenntnisses. Camus' Werk kommt dem Zeitmenschen entgegen, ohne seinem innersten Fragen eine erfreuliche Antwort zu geben.

Aber die Antwort ist redlich. Am deutlichsten wird sie in dem Roman „Die Pest" gegeben. Sie nimmt dem Menschen sein Schicksal nicht ab, nicht seine Qual und Tragödien, aber sie ist positiv. Das Leben ist wert, gelebt zu werden. „Die Mühsal hat kein Ende, aber der absurde Mensch sagt ja." Darin liegt kein Widerspruch. Es geht nicht um den Sinn des Lebens, sondern um die Art, wie es bewältigt wird. Es geht darum, das Leben bewußt zu leben. Das Leben ist kostbar, auch wenn es oft unverständlich ist. Es ist absurd. „Aber", heißt es im „L'homme rèvolté", „wie der Zweifel kann es einer neuen Suche die Richtung weisen." Um eine solche Suche geht es Camus.

(Wilhelm Jacobs)

„Die Pest" ist weniger ein Roman als eine Predigt im Gewand einer Fabel. Eigentlich gibt es in ihr nur drei handelnde Personen: den Erzähler, die Stadt und die Pest. Die übrigen besitzen mehr symbolischen Wert und jenen Realitätsgehalt, der die Figuren mittelalterlicher Moralitäten charakterisiert. Sie zeigen lediglich hier und da einen Anflug lebendigen Humors, wie er etwa in Grands peniblen literarischen Ambitionen zu Tage tritt.

Der Erzähler, eine der Hauptgestalten, ist schwerlich Dr. Rieux. Die Offenbarung seiner Identität am Ende des Romans überzeugt nicht. Der Rieux der Geschichte wäre kaum dazu gekommen, diese auch zu erzählen — seine Praxis hätte ihn zu stark in Anspruch genommen. Zwar verrät die Sprache der Erzählung in ihrer leicht gestelzten, bewußt didaktischen Manier, die zuweilen an den Rand des Pompösen gerät, den Konversationsstil eines Provinzarztes. Jedoch läßt sich diese Vorstellung nicht durchgehend aufrechterhalten. Der Erzähler verfügt nämlich über eine Eloquenz und Fülle an Ironie, die nicht zu Rieux zu gehören scheinen. Der Leser spürt zwar den individuellen Akzent und die dahinter liegende personale, tief bedeutsame Erfahrung; jedoch wird Rieux, dem etwas Marionettenhaftes eignet, beiseite geschoben: es ist Albert Camus, der hier spricht. Und dies bedeutet mehr als das aus der Geschichte des Romans geläufige gelegentliche Aufgehen der Austauschbarkeit von Erzähler und Autor. Denn hier handelt es sich nicht um einen Roman. Es ist eine allegorische Predigt. Die beiden Ansprachen des Jesuiten Paneloux sind Predigten im Rahmen einer größeren Predigt und akzentuieren deren höhere Qualitäts- und Bedeutungsebene. Rieux und Tarrou sind in gewisser Weise Bürgen der Predigt, die Camus hält.

Die Charaktere der Geschichte sind in sich nicht eigentlich menschlich; das Menschliche erweist sich vielmehr in ihrem Kampf gegen die Pest. Man ist versucht, von einem verzweifelt menschlichen Kampf zu sprechen; allein dies würde der Sache nicht gerecht. Es handelt sich nicht um einen Roman über die Verzweiflung, sondern um eine Predigt über die Hoffnung. Wie in allen Werken Camus' erscheint auch hier unter der offen zutage liegenden Schicht des Schreckens eine tiefe Empfänglichkeit für die Freude am Leben. Diese Spannung gibt dem Roman eine außerordentliche, geradezu bestürzende Qualität: „Die Pest" ist eines der seltenen Bücher, die die Vorstellungswelt des Lesers so zu verändern vermögen, daß die pestgeschlagene Stadt ein Aspekt seiner eigenen Umwelt wird.

Mit all seinen Mängeln ist das Buch ein Meisterwerk; kein großer Roman, jedoch eine große allegorische Predigt.

(Conor Cruise O'Brien)

Camus' Helden sind in ganz besonderer Weise weltverbunden, sie sind bis zu einem gewissen Grade Welt, sie sind Kosmos; in Camus erkennen wir den „Griechen", den Menschen, der das entgöttlichte und doch irgendwie aus göttlichen Quellen lebende Metaphysische in der Welt und in seiner Teilhabe an der Welt erblickt. In dem Roman „Die Pest" sind die Helden — Rieux, Tarrou und Pater Paneloux — durchaus auf verschiedene Weise Helden im Sinne eines Unterwegs zur Idealität, aber sie sind auch Teilhabe an einem kosmischen Geschick, das sie zur Entwicklung zwingt und ihr Verhältnis zur Idealität mit beeinflußt, teilweise sogar bestimmt. Und dieses kosmische Geschick ist zugleich der Gegner, gegen den sie kämpfen, ist der Herr, vor dem sie in die Revolte treten, es ist die Pest. Im Frühling hatte diese Pest mit dem Aufsteigen der sterbenden Ratten begonnen, im Spätsommer erreicht sie ihren negativen Höhepunkt, um gegen den Winter zu wieder nachzulassen. Und in eben diesem Rhythmus entwickeln sich auch die Helden, geben so ein merkwürdiges

Zusammenspiel von individuellem Heldentum und kollektivem Weltsein ab.

Wie behutsam Camus bei dieser kosmischen Anlage der „Pest" vorgegangen ist, zeigt die Tatsache, daß er den schon im Prolog entworfenen Ring der Jahreszeiten auf fünf erweiterte und so das Pestjahr in fünf Teilen darbot, das Werk so schon vom Zahlenverhältnis her auf die dialogische Einheit hin anlegte. Camus gelang das, indem er nach Frühling (Teil I) und Sommer (Teil II) noch eine Art Spätsommer (Teil III) ansetzte, so daß der Ring sich mit Herbst (Teil IV) und Winter (Teil V) zu fünf Jahreszeiten schloß.

An dieser dialogischen Einheit des Pestjahres haben alle teil, denn sie ist die eines Geschehens, das alle gleichermaßen trifft und unter das Joch eines gemeinsamen Geschickes spannt.

(Leo Pollmann)

Die Pest stellt sich, wenn wir zunächst von allen übrigen möglichen und wohl auch berechtigten Deutungsversuchen absehen wollen, die sich in der Literatur finden, als die ins Symbolische überhöhte Grundbefindlichkeit des menschlichen Daseins dar, die das Absurde ist. Die Pest ist das konkret gewordene Absurde, das in der Gestalt einer Epidemie, eines sinnlosen und unerklärbaren Verhängnisses, dem sich niemand entziehen kann, den Menschen unmittelbar mit dem Tod und dem Leiden konfrontiert. In diese „Grenzsituation" (Jaspers) gestellt, wird der Mensch eindringlich und unerbittlich zum Bestehen dieser Grenzsituation aufgerufen. So ist die Pest Symbol der Wirklichkeit des menschlichen Daseins als auch diese Wirklichkeit selbst: „Aber was heißt das schon, die Pest? Es ist das Leben, sonst nichts. In dieser Wirklichkeit der Pest ereignet sich der Austrag der Frage nach dem Wie des Vollzuges im Absurden, der sich keines Wertes und keines Sinnes versichern kann und aus dem bloßen Dasein des Menschen geleistet werden muß. An der Pest zerschellen alle bisherigen Wert- und Zielsetzungen, deren Gebrechlichkeit und Hinfälligkeit von Camus eindringlich im Verhalten der Einwohner der von der Pest betroffenen Stadt geschildert wird. Das anfängliche Zur-Seite-Schieben der Pest in der Betriebsamkeit und Geschäftigkeit des Alltags wird unter den vernichtenden

Schlägen der Seuche nicht mehr möglich. „Unsere Mitbürger waren nicht schuldiger als andere, sie vergaßen nur die Bescheidenheit und dachten, daß noch immer alle Möglichkeiten offenblieben, was aber voraussetzt, daß Heimsuchungen unmöglich sind. Sie schlossen weiterhin Geschäfte ab, bereiteten Reisen vor und hatten eine Meinung. Wie hätten sie da an die Pest denken sollen, die der Zukunft, dem Reisen und dem Gedankenaustausch ein Ende macht? Sie glaubten sich frei, aber keiner wird je frei sein, solange es Geißeln der Menschheit gibt."

Die Pest durchbricht diese Rückkehr in das gegenständliche Tun und Treiben, indem sie die Einwohner der Stadt zunächst zum Müßiggang und zur Langeweile zwingt. „Unter anderen Umständen hätten unsere Mitbürger übrigens in einem äußerlichen und tätigeren Leben einen Ausweg gefunden. Aber die Pest überließ sie auch dem Müßiggang, zwang sie, sich in der trüben Stadt im Kreis zu bewegen und Tag für Tag die Beute der enttäuschenden Spiele der Erinnerung zu werden." Schritt für Schritt werden diese Menschen in die „séparation" gezwungen und finden sich schließlich, als über die verseuchte Stadt der Ausnahmezustand verhängt wird, in der Verbannung, im „exil". Diese Verbannung ist aber nicht allein räumlicher Art. Die Einwohner der Stadt sind ebensosehr Verbannte der Zeit. Die Pest löst den Menschen aus seinem selbstverständlichen Bezug zur Zeit, aus dem fraglosen Nacheinander von Vergangenheit, Gegenwart und Zukunft und stellt ihn in die „présent éternel". „Ohne Gedächtnis und ohne Hoffnung richteten sie sich in der Gegenwart ein. In Wahrheit wurde ihnen alles zur Gegenwart. Man muß es wohl aussprechen: die Pest hatte alle der Fähigkeit zur Liebe und sogar zur Freundschaft beraubt. Denn die Liebe verlangt ein wenig Zukunft, und für uns gab es nur mehr Augenblicke."

Von der Vergangenheit abgeschnitten und der Zukunft beraubt, wird der Mensch gezwungen, sich in dieser ewigen Gegenwart einzurichten. Schlag für Schlag lösen sich in der ständigen Bedrohtheit durch die Anwesenheit der Pest alle Werte und Zielsetzungen auf. Der Mensch wird in eine unmittelbare Beziehung zur Pest und damit notwendig in eine Vereinzelung gezwungen, wenn auch die Pest als das schlechthin Unverfügbare, als das Absurde noch nicht erfahren ist. „Trotz dieses ungewohnten

Schauspiels hatten unsere Mitbürger offenkundig Mühe, zu begreifen, was ihnen zustieß. Es gab wohl gemeinsame Gefühle, wie die Trennung oder die Angst, doch wurden auch weiterhin die eigenen Angelegenheiten am wichtigsten genommen. Noch niemand hatte die Krankheit wirklich anerkannt. Die meisten waren hauptsächlich empfindlich für alles, was sie in ihren Gewohnheiten störte oder ihren Vorteil bedrohte."
So finden sich die Einwohner der Stadt, die von der Pest in die „äußerste Einsamkeit" gezwungen werden, zwar in einer Gemeinschaft zusammen, aber diese Gemeinschaft bleibt eine „solidarité d'assiègés", eine Gemeinsamkeit der Angst und Verzweiflung, des gemeinsamen Betroffenseins und Gefährdetseins durch die Pest. Als solche führt sie nicht aus dem „exil", aus der Immanenz des Selbstseins heraus und steht dem Anderen im Grunde mißtrauisch und distanziert gegenüber. Aber selbst in der Angst und Verzweiflung ist das Absurde noch nicht in seiner Endgültigkeit erfahren. „Viele hofften indessen, die Seuche werde aufhören und sie und die Ihren verschonen. Infolgedessen fühlten sie sich noch zu nichts verpflichtet. Die Pest war für sie bloß ein unangenehmer Besuch, der eines Tages auch wieder fortgehen würde, wie er gekommen war. Sie waren erschreckt, aber nicht verzweifelt, und der Zeitpunkt war noch nicht erreicht, da sie in der Pest ihre eigentliche Lebensform erblicken und ihr bisheriges Dasein vergessen würden."

(Peter Kampits)

Paneloux hat erkannt, daß es noch nicht dem letzten Ernst entspricht, das Übel als gottgewollt einfach hinzunehmen, sondern daß man es bekämpfen müsse, soweit man dazu die Möglichkeit hat. Aber hinter dem, was man mit menschlichen Kräften bekämpfen und vermeiden kann, liegt als letzter Kern die nicht bloß unvermeidbare und unerklärbare, sondern schlechthin widervernünftige und Ärgernis erregende Gegebenheit des sinnlosen Leidens, wie es uns am Beispiel des Todes eines unschuldigen Kindes entgegentritt. Dies ist der niemals verschwindende „Pfahl im Fleisch", von dem Kierkegaard spricht, die Gebrochenheit des menschlichen Daseins, die darin besteht, daß das Sterben nach einer vernünftigen Weltauslegung immer wieder auf den brutalen Widerstand einer schlechthin widervernünftig scheinenden Wirklichkeit stößt. Wenn Camus (im Verlauf der Predigt) von der Mauer spricht, an die wir stoßen und über die wir nicht hinwegkommen, so ist das die genaue Beschreibung des Verhaltens zur Grenzsituation.

Und wenn Camus hier weiter vom „tätigen Fatalismus" als der einzig möglichen menschlichen Antwort spricht, so berührt sich das unmittelbar mit dem, was er im „Mythos des Sisyphos" als das Wesen des „paradoxen Helden" entwickelt hatte.
Aber im Zusammenhang des ganzen Romans ist es vielleicht kein Zufall, wenn Pater Paneloux selbst der Pest erliegt, ehe diese erlischt; denn was er lehrt, ist ein Letztes, zu dem der Mensch gelangen kann und über das hinaus keine weitere Entwicklung mehr möglich ist. Man kann das Existentielle nur in immer neuer Anstrengung immer neu realisieren, niemals aber verändern oder gar weiterentwickeln. Aber das Leben geht weiter, und mit dem aus dieser Spannung gegebenen Problem scheint mir die eigentliche Bedeutung des Romans erst deutlich zu werden. Daß die letzte Zuspitzung des menschlichen Daseins die Menschen im voll ergriffenen Augenblick zur letzten Größe emporsteigert, das haben wir seit dem Auftreten der Existenzphilosophie eindringlich zu sehen gelernt. Darin ist also dies Buch nicht Neuland, sondern nur eine dichterische Gestaltung dieses Problems. Das wirklich Neue aber setzt mit der weiteren Frage ein: Was wird, wenn die existentielle Bedrohung des Menschen über eine verhältnismäßig kurz während Krise hinaus zur Dauerbelastung wird? Das ist im Grunde unser gegenwärtiges Problem. Das war schon die Erfahrung des Krieges, als man ohne Möglichkeit einer aktiven Begegnung und zum rein passiven Hinnehmen verurteilt durch Jahre hindurch der beständigen Bedrohung ausgeliefert war und dabei gleichzeitig von allen wesentlichen Lebensaufgaben abgeschnitten einem rein mechanischen Dasein überantwortet war. Das ist im Grunde aber auch jetzt noch unser eigentliches und noch lange nicht in seiner vollen Bedeutung erkanntes Problem: Der existentielle Augenblick steigert den Menschen zu seiner letzten Leistung empor. Was aber wird, wenn die Krise zum Dauerzustand wird?

Diese Problematik wird dann durch das ganze Buch hindurch in immer neuen Betrachtungen in den verschiedenen Entwicklungsstufen verfolgt. Hier können nur einige der wesentlichsten

Züge kurz herausgehoben werden. Der durchgehende Grundzug ist eine sich immer weiter ausbreitende Gleichgültigkeit. Niemand ist mehr großer Gefühle fähig, weil das Gefühl der Monotonie alles andre übertönt. Niemand ist insbesondere mehr der Liebe und der Freundschaft fähig, denn diese setzen wenigstens ein gewisses Mindestmaß an gemeinsamem Zukunftswillen voraus, für den es in diesem reinen Gegenwartsdasein keinen Raum mehr gibt (S. 175). Die existentielle Zuspitzung setzt, auch wenn sie sie relativiert, die positiven Lebensgehalte schon immer voraus, sie ist nicht imstande, von sich aus neue aufzubauen, und so endet dann dieser Zustand mit einer Nivellierung allen Gefühlslebens. Mit Befremden stellt Dr. Rieux bei sich das Schwinden aller seelischen Sensitivität fest, und der Tod seiner Frau scheint ihn am Schluß fast gleichgültig zu lassen. Das ganze Leben versinkt in einem hoffnungslosen Gleichmaß. „Aber in Wirklichkeit schliefen sie bereits, und diese ganze Zeit war nur ein langer Schlaf" (S. 176), aus dem sie nur gelegentlich zu neuer Verzweiflung erwachten. „... daß diese Welt ohne Liebe eine tote Welt war" (S. 251).

Das abschließende Wort fällt im Gespräch mit Tarrou, dem engsten Mitarbeiter und Freund Rieux' in dieser Zeit, der aus wohlbehüteter Bürgerlichkeit herkommend an dem Tage vor die ganze hintergründige Schlechtigkeit der Welt gestellt wird, an dem er entdeckt, daß sein Vater, ein angesehener Jurist, mit dem ruhigsten Gewissen der Welt die Angeklagten dem Todesurteil überantwortet. Hier geht ihm das Problem seines Lebens auf, das in andrer Wendung wieder das Problem der Grenzsituation ist: das Problem der Schuld, das er in seiner ganzen Tiefe erkennt. Weil es unmöglich ist, sich in sittlicher Entschiedenheit der Schuld zu entziehen, weil man unentrinnbar dahinein verstrickt ist, muß man wenigstens versuchen, in unaufhörlichem Widerstand das Maß der eignen Schuld so klein wie möglich zu halten, und weil dieses Ziel nicht in einmaligem Entschluß zu erreichen ist, darum ist es so wichtig, entgegen aller anschleichenden Ermüdung sich immer neu dafür zusammenzuraffen. Die Zerstreutheit, die Abstumpfung, das Nachlassen in der Aufmerksamkeit, das ist die eigentliche Quelle des Bösen. Damit ist das neue, vertiefte Problem der „zweiten Phase" der Pest klar ausgesprochen.

(Otto Friedrich Bollnow)

Otto Friedrich Bollnows Worte „Was wird, wenn die existentielle Bedrohung des Menschen über eine verhältnismäßig kurz während Krise hinaus zur Dauerbelastung wird? Das ist im Grunde unser gegenwärtiges Problem." offenbaren die geradezu bestürzende Aktualität des Romans „Die Pest" in unserer Zeit. Bollnow nennt den Krieg, während dem man „zum rein passiven Hinnehmen verurteilt, durch Jahre hindurch der beständigen Bedrohung ausgeliefert war". Heute zu nennen wäre auch vor allem die Bedrohung durch den Terrorismus, durch Geiselnahmen und Morde, durch Überfälle und Vergewaltigungen. Auch diese „Seuche" hält die Menschheit im Griff, vergiftet die Atmosphäre, verunsichert das Zusammenleben in der Gemeinschaft, hemmt Entfaltungsmöglichkeiten und die freie Beweglichkeit, läßt Städte und Staaten in Angst und Schrecken versinken, demonstriert ihre Ohnmacht und lähmt sie. „Der existentielle Augenblick steigert den Menschen zu seiner letzten Leistung empor. Was aber wird, wenn die Krise zum Dauerzustand wird?", fragt Bollnow. Das von mehreren Politikern unserer Tage geäußerte Wort „Wir müssen uns daran gewöhnen, mit dem Terrorismus zu leben" ist in seiner Gefährlichkeit beängstigend. Denn damit ist auch in bezug auf den Terrorismus das Problem der „zweiten Phase", die Bollnow in dem Roman „Die Pest" erkannt hat, existent geworden: die sich immer weiter ausbreitende Gleichgültigkeit, Abstumpfung, Gewöhnung, das Hinnehmen einer Bedrohung als etwas Unabwendbares, das damit verbundene Nachlassen der Aufmerksamkeit und Wachsamkeit, das Aufgeben der Einsatzbereitschaft und des Kampfes gegen das Übel.

Wie im Hinblick auf die Seuche der Pest kann auch im Hinblick auf die Seuche des Terrorismus, der heute in vielen Staaten das öffentliche und gesellschaftliche Leben bedroht, nur das tätige Eingreifen gegen die Seuche und das unermüdliche Bekämpfen des Terrors Rettung bringen. Rieux' Worte „Was ich hasse, ist der Tod und das Böse. Wir müssen zusammenstehen, um beides zu bekämpfen." sind Worte für das Leben und gegen jede Bedrohung desselben — gleich welcher Art.

Als der Pestzustand ausgerufen ist, bemächtigt sich der Bewohner von Oran das Gefühl, abgetrennt zu sein, das in allgemeinen Begriffen ausführlich analysiert wird und den Gedanken vorbereitet, daß die Pest „unsere Mitbürger zu handeln zwang, als hätten sie keine persönlichen Gefühle". Dieser Gedanke wird in der Folge mit stilistischen Mitteln weiterentwickelt. Auf den Bericht über die steigende Anzahl der Todesfälle folgt die Beschreibung von Ramberts Fluchtversuch und die Wiedergabe der Gespräche zwischen Tarrou und Cottard, welche schließlich in eine Analyse der Gefühle münden, die alle Bürger der Stadt miteinander teilen. Im dritten und kürzesten Teil des Buches werden, da die Pest alle persönlichen Gefühle abgetötet hat, praktisch keine Einzelhandlungen mehr geschildert. Nun ist das „unbewegliche Reich" heraufbeschworen, „in das wir eingetreten waren, oder zumindest seine letzte Ordnung: die einer Totenstadt, wo Pest, Stein und Nacht schließlich jede Stimme zum Schweigen brachten". Zu Beginn des vierten Abschnitts aber, als die ersten Versuche mit Castels Serum angestellt werden und der Tod des Kindes Paneloux bestimmt, seine Haltung zu ändern, beginnt sich wieder individuelles Handeln zu regen. Die Gewalt der Seuche läßt langsam nach, bis plötzlich wieder Ratten in den Straßen der Stadt auftauchen. Der kurze fünfte Teil beschreibt, wie die Liebenden sich wiederfinden und alles wieder seinen normalen Lauf nimmt.

Es ist unschwer auszumachen, warum dieser Stilwechsel, den das Buch unbestreitbar aufweist, von den meisten Kritikern übersehen wurde. Camus war nämlich in seinem Vorhaben, die Bedeutung des Individuums im ersten Teil und seine zunehmende Bedeutungslosigkeit im zweiten und dritten Teil mit Stilmitteln darzustellen, nicht restlos konsequent. So beginnt etwa der Roman mit einem allgemeinen, unpersönlichen Bericht über das Leben in Oran, und der zweite Abschnitt wird zum großen Teil von der Beschreibung der verschiedenen Fluchtversuche Ramberts eingenommen. Dagegen fällt die wohlbedachte Komposition ins Auge, welche die drei bewegendsten Episoden — den Tod des Kindes, die Predigt Paneloux' und Tarrous Bekenntnis — als eine Reihe von Höhepunkten an den Schluß des Buches stellt. Tarrous Tod und die Nachricht, daß Rieux' Frau im Sanatorium gestorben ist, folgen schließlich als eine Mahnung, daß die letzte Wahrheit des Kampfes gegen die Pest — was auch immer Edelmut und Heroismus im einzelnen vermögen — jener dumpfe Schmerz ist, den Tod und Einsamkeit bringen. Ebenso wie der Stilwechsel das Abstrakte und Unpersönliche der Pest hervorheben soll, zeigt sich im Aufbau des Romans, daß Camus nicht einfach nur erzählt, was sich bei einer bestimmten Gelegenheit zugetragen hat. Die Pest ist immer da; sie ist eine Naturgewalt, so geheimnisvoll und unwiderstehlich wie das Leben selbst. „Die Pest" ist — und zwar aus stilistischen Gründen ebenso wie vom Gegenstand her — ein moderner Mythos der Ohnmacht und des Gefangenseins und eine Allegorie auf den immerwährenden Kampf des Menschen gegen die natürliche Schöpfungsordnung. „Natürlich", sagt Rieux, „sind nur die Mikroben. Alles andere, Gesundheit, Lauterkeit, Reinheit, wenn Sie wollen, ist das Ergebnis unseres Willens, eines Willens, der niemals schwach werden darf." Indem Camus das Buch mit Tarrous Tod und Rieux' schmerzlichem Verlust enden läßt, rückt er den Gedanken in den Vordergrund, daß das menschliche Leben vom Leid beherrscht wird.

Die Wirkung des Werkes liegt nicht nur in der sorgfältigen Abstimmung des Stils auf die Komposition, sondern auch in der Wahl eines den jeweiligen Ereignissen angemessenen Stils. Die unbeteiligte, untertreibende Art der Berichterstattung, der präzise Gebrauch von Ausdrücken aus der Verwaltungs- und Amtssprache, die absichtlich banale Redeweise tragen wesentlich zur Gesamtwirkung der Chronik bei. Die unpersönliche Erzählweise gestattet es dem Autor, auf die Gefühle des Lesers einzuwirken, ohne die seinen preiszugeben; indem er den Leser zwingt, seine eigenen Gefühle auf die so ruhig beschriebenen Ereignisse zu übertragen, erweckt er Mitgefühl. Die Schrecklichkeit der Lage wird besonders durch das stilistische Mittel der Ironie herausgearbeitet.

(Philip Thody)

Camus ist ein Meister des Stils. Er versteht es z. B. glänzend, die Sprache der Bürokratie als Scheinordnung über dem Chaos in gespielter Naivität nachzuahmen. Die indirekte Rede ist voller Ironie; sie suggeriert staatsbürgerliche Gesinnung und verhindert sie doch zugleich, da absurde Verordnungen und scheinheilige Argumente in gläubiger Nüchternheit referiert werden. Gerade durch diese intelligente, behutsame Ironie erreicht Camus in dem Roman „La peste", was die eigentliche Leistung seines literarischen Stils ist: er gewinnt das Vertrauen des Lesers.

Die Vorliebe für den zurücknehmenden, abschwächenden Ausdruck, die Genauigkeit beim Nennen von Daten und Todesziffern und schließlich die halb distanzierte, halb engagierte Erzählperspektive unterstreichen die Glaubwürdigkeit des Augenzeugen, der — so wird dem Leser nahegelegt — nicht leichtfertig urteilt.

(Herbert Gillessen)

DER MYTHOS VON SISYPHOS
ALBERT CAMUS
SISYPHOS — DER HELD DES ABSURDEN

Kurz und gut: Sisyphos ist der Held des Absurden. Dank seiner Leidenschaften und dank seiner Qual. Seine Verachtung der Götter, sein Haß gegen den Tod und seine Liebe zum Leben haben ihm die unsagbare Marter eingebracht, bei der jedes Wesen sich abmüht und nichts zustande bringt. Damit werden die Leidenschaften dieser Erde bezahlt. Über Sisyphos in der Unterwelt wird uns nichts weiter berichtet. Mythen sind dazu da, von der Phantasie belebt zu werden. So sehen wir nur, wie ein angespannter Körper sich anstrengt, den gewaltigen Stein fortzubewegen, ihn hinaufzuwälzen und mit ihm wieder und wieder einen Abhang zu erklimmen; wir sehen das verzerrte Gesicht, die Wange, die sich an den Stein schmiegt, sehen, wie eine Schulter sich gegen den erdbedeckten Koloß legt, wie ein Fuß ihn stemmt und der Arm die Bewegung aufnimmt, wir erleben die ganz menschliche Selbstsicherheit zweier erdbeschmutzter Hände. Schließlich ist nach dieser langen Anstrengung (gemessen an einem Raum, der keinen Himmel, und an einer Zeit, die keine Tiefe kennt) das Ziel erreicht. Und nun sieht Sisyphos, wie der Stein im Nu in jene Tiefe rollt, aus der er ihn wieder auf den Gipfel wälzen muß. Er geht in die Ebene hinunter.
Auf diesem Rückweg, während dieser Pause, interessiert mich Sisyphos. Ein Gesicht, das sich so nahe am Stein abmüht, ist selber bereits Stein! Ich sehe, wie dieser Mann schwerfälligen, aber gleichmäßigen Schrittes zu der Qual hinuntergeht, deren

Ende er nicht kennt. Diese Stunde, die gleichsam ein Aufatmen ist und ebenso zuverlässig wiederkehrt wie sein Unheil, ist die Stunde des Bewußtseins. In diesen Augenblicken, in denen er den Gipfel verläßt und allmählich in die Höhlen der Götter entschwindet, ist er seinem Schicksal überlegen. Er ist stärker als sein Fels.

Dieser Mythos ist tragisch, weil sein Held bewußt ist. Worin bestünde tatsächlich seine Strafe, wenn ihm bei jedem Schritt die Hoffnung auf Erfolg neue Kraft gäbe? Heutzutage arbeitet der Werktätige sein Leben lang unter gleichen Bedingungen, und sein Schicksal ist genauso absurd. Tragisch ist es aber nur in den wenigen Augenblicken, in denen der Arbeiter bewußt wird. Sisyphos, der ohnmächtige und rebellische Prolet der Götter, kennt das ganze Ausmaß seiner unseligen Lage: über sie denkt er während des Abstiegs nach. Das Wissen, das seine eigentliche Qual bewirken sollte, vollendet gleichzeitig seinen Sieg. Es gibt kein Schicksal, das durch Verachtung nicht überwunden werden kann.

Wenn man so zuweilen in den Schmerz hinabsteigt, dann auch in die Freude. Damit wird nicht zuviel behauptet. Ich stelle mir immer noch vor, wie Sisyphos zu seinem Stein zurückkehrte und der Schmerz wieder von neuem begann. Wenn die Bilder der Erde zu sehr im Gedächtnis haften, wenn das Glück zu dringend mahnt, dann steht im Herzen des Menschen die Trauer auf: das ist der Sieg des Steins, ist der Stein selber. Die gewaltige Not wird schier unerträglich. Unsere Nächte von Gethsemane sind das. Aber die niederschmetternden Wahrheiten verlieren an Gewicht, sobald sie erkannt werden. So gehorcht Ödipus zunächst unwissentlich dem Schicksal. Erst mit Beginn seines Wissens hebt seine Tragödie an. Gleichzeitig aber erkennt er in seiner Blindheit und Verzweiflung, daß ihn nur noch die kühle Hand eines jungen Mädchens mit der Welt verbindet. Und nun fällt ein maßloses Wort: „Allen Prüfungen zum Trotz — mein vorgerücktes Alter und die Größe meiner Seele sagen mir, daß alles gut ist." So formuliert der Ödipus des Sophokles (wie Kirilow bei Dostojewski) den Sieg des Absurden. Antike Weisheit verbindet sich mit modernem Heroismus.

Darin besteht die ganze verschwiegene Freude des Sisyphos. Sein Schicksal gehört ihm. Sein Fels ist seine Sache. Ebenso läßt der absurde Mensch, wenn er seine Qual bedenkt, alle Götzenbilder schweigen. Im Universum, das plötzlich wieder seinem Schweigen anheimgegeben ist, werden die tausend kleinen, höchst verwunderten Stimmen der Erde laut. Unbewußte, heimliche Rufe, Aufforderungen aller Gesichter, bilden die unerläßliche Kehrseite und den Preis des Sieges. Ohne Schatten gibt es kein Licht; man muß auch die Nacht kennenlernen. Der absurde Mensch sagt Ja, und seine Mühsal hat kein Ende mehr. Wenn es ein persönliches Geschick gibt, dann gibt es kein übergeordnetes Schicksal oder zumindest nur eines, das er unheilvoll und verächtlich findet. Darüber hinaus weiß er sich als Herrn seiner Zeit. Gerade in diesem Augenblick, in dem der Mensch sich wieder seinem Leben zuwendet (ein Sisyphos, der zu seinem Stein zurückkehrt), bei dieser leichten Drehung betrachtet er die Reihe unzusammenhängender Taten, die sein Schicksal werden, seine ureigene Schöpfung, die in seiner Erinnerung geeint ist und durch den Tod alsbald besiegelt wird. Überzeugt von dem rein menschlichen Ursprung alles Menschlichen, ist er also immer unterwegs — ein Blinder, der sehen möchte und weiß, daß die Nacht kein Ende hat. Der Stein rollt wieder.

Ich verlasse Sisyphos am Fuße des Berges! Seine Last findet man immer wieder. Nur lehrt Sisyphos uns die größere Treue, die die Götter leugnet und die Steine wälzt. Auch er findet, daß alles gut ist. Dieses Universum, das nun keinen Herrn mehr kennt, kommt ihm weder unfruchtbar noch wertlos vor. Jeder Gran dieses Steins, jeder Splitter dieses durchnächtigten Berges bedeutet allein für ihn eine ganze Welt. Der Kampf gegen Gipfel vermag ein Menschenherz auszufüllen. Wir müssen uns Sisyphos als einen glücklichen Menschen vorstellen.

DER BEGRIFF DES ABSURDEN

Am Anfang des Denkens und Dichtens von Albert Camus steht die Erfahrung der „Absurdität". Der Begriff meint den unaufhebbaren und heillosen Zwiespalt zwischen Welt und Ich. Diese

Welt ist uns unverständlich. Wir sind in sie hineingeworfen und gehören doch nicht zu ihr. Wir suchen uns in ihr einzurichten und finden hier doch keine Heimat. Wir möchten unser Leben sinnvoll führen und es in einem höchsten Schutze geborgen wissen, fühlen uns aber den Zufällen und Wechselfällen des Daseins ausgesetzt und von ihnen abhängig; wir möchten frei sein und sehen uns in die Mechanik der Naturkausalität eingeordnet. Wir möchten glücklich, sogar ewig glücklich sein, und vor uns steht der Tod, der allem ein Ende macht. Der Liebe zum Leben steht die Verzweiflung am Leben gegenüber. Wir leben in unaufhörlichen Widersprüchen. Vor allem erweist sich die Welt, je länger wir in ihr stehen, uns als fremd, gleichgültig und unvertraut ...

Das Wort „absurd" wird für Camus zum Schlüssel für das Begreifen der Welt und der Existenz des Menschen in ihr. Das Absurde zeigt sich im Zusammenstoß von Mensch und Welt, aber auch im Zusammenstoß des Menschen mit sich selbst. Es bietet sich in der unübersehbaren Fülle aller Widersprüche; es charakterisiert sich auch im Zwiespalt zwischen dem Trieb des Menschen nach dem Unendlichen und seinem endlichen Dasein. Angesichts seiner „misère" ist zunächst nichts von seiner „grandeur" zu spüren. Die sozialen Zustände bestätigen und vermehren die individuellen Erfahrungen: wir wissen heute fast nur noch von Erniedrigten und Beleidigten zu berichten. Der moderne Mensch ist der Namenlose, der kämpft und leidet und sinnlos stirbt.

Erkenntnisse solcher Art können zu verschiedenartigen Schlußfolgerungen führen. Sartre wendet sich im „Ekel", dem körperlich-seelischen Widerwillen gegen die Welt, ab, die er als Unrat betrachtet, und billigt andererseits dem Ich in einer Welt absoluter Gesetzlosigkeit vollkommene Freiheit zu. Camus teilt diese Haltung nicht, aber er versteht sie. Seine Lösung ähnelt in gewisser Weise der von Gottfried Benn: das Absurde vernichtet nicht den Menschen, sondern es fordert ihn heraus, der Mensch wird groß durch seinen Widerstand gegen das Sinnlose.

Ein eindrucksvolles Urbild des „absurden Menschen" findet Camus im Mythos des Sisyphos. „Die Götter hatten Sisyphos dazu verurteilt, unablässig einen Felsblock einen Berg hinaufzuwälzen, von dessen Gipfel der Stein von selbst wieder hinunterrollte. Sie hatten mit einiger Berechtigung bedacht, daß es keine fürchterlichere Strafe gibt als eine unnütze und aussichtslose Arbeit."

Sisyphos ist — wie Tantalus — in eine schwere, aber unvermeidliche Schuld geraten und muß nun in alle Ewigkeit ein Tun ohne Sinn auf sich nehmen. „Wir sehen, wie eine Schulter sich gegen den erdbedeckten Koloß legt, wie ein Fuß ihn stemmt und der Arm die Bewegung aufnimmt, wir erleben die ganze menschliche Selbstsicherheit zweier erdbeschmutzter Hände. Schließlich ist nach dieser langen Anstrengung das Ziel erreicht. Und nun sieht Sisyphos, wie der Stein im Nu in jene Tiefe rollt, aus der er ihn wieder auf den Gipfel wälzen muß. Er geht in die Ebene hinunter." Dieser Rückweg ist die Stunde des Bewußtseins, also die Stunde des geistigen Menschen. „In diesen Augenblicken, in denen er den Gipfel verläßt und allmählich in die Höhlen der Götter entschwindet, ist er seinem Schicksal überlegen. Er ist stärker als sein Fels." Warum? Weil er sein Schicksal ins Auge faßt, im Trotz erstarkt und der Weltunordnung seine Verachtung zeigt. „Sisyphos, der ohnmächtige und rebellische Prolet der Götter, kennt das ganze Ausmaß seiner unseligen Lage: über sie denkt er während des Abstiegs nach. Das Wissen, das seine eigentliche Qual bewirken sollte, vollendet gleichsam seinen Sieg. Es gibt kein Schicksal, das durch Verachtung nicht überwunden werden kann." Diese Überlegenheit erfüllt ihn zugleich mit Glück. In der götterlosen Welt richtet der Mensch seine Zeichen auf. Er „macht aus dem Schicksal eine menschliche Angelegenheit, die unter Menschen geregelt werden muß." Darin besteht die ganze verschwiegene Freude des Sisyphos. Sein Schicksal gehört ihm. „Sein Fels ist seine Sache." In solcher Haltung findet er auch seinen Trost.

Die Beziehung zum modernen Menschen ist mit Händen zu greifen. Das Bild der Arbeitswelt unseres Jahrhunderts stellt sich sofort ein. „Heutzutage arbeitet der Werktätige sein Leben lang unter den gleichen Bedingungen, und sein Schicksal ist genau so absurd. Tragisch ist es aber nur in den wenigen Augenblicken, in denen der Arbeiter sich seiner Lage bewußt wird." Es wäre nötig, ihn zur Größe der Haltung seines Urbildes zu erziehen. Sisyphos lehrt uns die Treue, „die die Götter leugnet und die Steine wälzt. Jeder Gran des Steins, jeder Splitter des Berges bedeutet für ihn eine ganze Welt. Der Kampf gegen Gipfel vermag ein Menschenherz auszufüllen. Wir müssen uns Sisyphos als einen glücklichen Menschen vorstellen."

(Wilhelm Grenzmann)

STIMMEN ZUM „MYTHOS VON SISYPHOS"

Über den seine hoffnungslose Arbeit vollziehenden Sisyphos wird in der Mythologie nichts weiter berichtet. Wie verhält sich dieser Sisyphos zu seinem Schicksal, dem er nicht entgehen kann? Wie kann sich der absurde Mensch, dessen Dasein dem des Sisyphos so sehr gleicht, zu seinem Dasein verhalten?

Der den Stein auf den Gipfel des Berges wälzende Sisyphos ist ganz und gar dieser Arbeit anheimgegeben, ist ganz und gar der Vollzug dieses Wälzens, ein Vollzug, der unveräußerlich und schweigend geleistet werden muß. Auf dem Gipfel des Berges angekommen, erfährt Sisyphos das Scheitern seines Unternehmens. Der Stein rollt wieder in die Tiefe, Sisyphos geht den Abhang hinunter. „Auf diesem Rückweg, während dieser Pause, interessiert mich Sisyphos ... Ich sehe, wie dieser Mann schwerfällig, aber doch gleichmäßigen Schrittes zu der Qual hinuntergeht, deren Ende er nicht kennt. Diese Stunde, die gleichsam ein Aufatmen ist und ebenso zuverlässig wiederkehrt wie sein Unheil, diese Stunde ist die Stunde des Bewußtseins. In diesen Augenblicken, in denen er den Gipfel verläßt ... ist er seinem Schicksal überlegen. Er ist stärker als sein Fels."

Sisyphos, der seinem Geschick, seinem Leben gegenübersteht, erfährt im Augenblick des „Bewußtseins", in der Stunde der „Theoria", da er innehält und vom Vollzug zurücktritt, seinen Sieg. In der „clairvoyance" des Sisyphos seinem Geschick gegenüber kann er dieses Schicksal mit der Verachtung besiegen. „Sisyphos, der ohnmächtige und revoltierende Proletarier der Götter, kennt das ganze Ausmaß seiner unseligen Lage: über sie denkt er während des Abstieges nach. Das Wissen (,la clairvoyance'), das seine eigentliche Qual bewirken sollte, vollendet gleichzeitig seinen Sieg. Es gibt kein Schicksal, das durch Verachtung nicht überwunden werden könnte." Im Augenblick, da Sisyphos sein Dasein in der „lucidité" des Denkens übernimmt, da er das Sinn- und Hoffnungslose seines Unterfangens nicht mit Illusionen auf ein Ende seiner Qual verdeckt, stimmt er nicht allein seinem Geschick zu, sondern macht er auch dieses Geschick zu seiner, ihm allein gehörigen Angelegenheit. „Darin besteht die ganze verschwiegene Freude des Sisyphos. Sein Schicksal gehört ihm. Sein Fels ist seine Sache." In dieser Aneignung des Geschickes bricht die Freiheit des zu einem absurden Dasein verurteilten Sisyphos auf. Das blinde, grausame und unverständliche Geschick des Sisyphos wird in diesem Akt der Aneignung von einem „übergeordneten Schicksal" zu einem „persönlichen Geschick", in dem sich die Freiheit und die Auflehnung des absurden Menschen verwirklichen und in dem die Zeit Zeit des Menschen ist, ganz Präsenz und Jetzt. Sisyphos gibt seinem sinnlosen Unternehmen keinen übergeordneten Sinn, sondern er nimmt es in seiner ganzen Sinnlosigkeit und Schwere auf sich, um in dieser Annahme und Übernahme sich selbst zu verwirklichen. In der Aneignung und Selbstverwirklichung des Sisyphos wird sein Leben zu einem ganz und gar menschlichen Schicksal, das sich auf dieser Erde und in dieser Zeit vollzieht. Das Ja des Sisyphos zu seinem Stein ist das Ja des absurden Menschen zur Erde und zur Vergänglichkeit. „Es vertreibt aus dieser Welt einen Gott, der mit dem Unbehagen und mit der Vorliebe für nutzlose Schmerzen eingedrungen war. Es macht aus dem Schicksal eine menschliche Angelegenheit, die unter Menschen geregelt werden muß." Es kann für den absurden Menschen nur noch eine einzige Wahl geben, die Camus nicht müde wird, in aller Radikalität herauszustreichen: „Zwischen dem Himmel und einer zum Spott herausfordernden Treue wählen, sich selbst der Ewigkeit vorziehen und sich in Gott versenken — in dieser Tragödie unseres Jahrhunderts müssen wir uns behaupten."

Im Gegensatz etwa zu Jean-Paul Sartre, für den sich das menschliche Dasein im Grunde als eine Selbstschöpfung des Menschen schlechthin auslegt, bleibt die Selbstverwirklichung des Menschen für Camus wesenhaft vom Geschick, vom Absurden her bestimmt. Sisyphos bleibt auch in der Aneignung seines Geschickes, das dadurch von einem übergeordneten Schicksal zu einem persönlichen wird, der zu einer sinnlosen Arbeit gezwungene Sisyphos. Freilich, die Herkunft dieses Geschickes selbst wird von Camus nicht weiter befragt, das Absurde bleibt in bloßer Faktizität. Aber auch wenn wir dieses Fragen mit Camus ausklammern, ist diese Selbstverwirklichung mehr als ein bloß formaler Appell an ein Bestehen des Absurden? Gerade der Versuch Camus', diesen Formalismus inhaltlich mit Bildern und Symbolen auszudeuten und zu erfüllen, macht diese im Vollzug der Selbstverwirklichung aufbrechende Menschlichkeit des Menschen zu einer Symbolwirklichkeit, der Camus die Verbindlichkeit des Mythos verleiht. Die Heranziehung des Sisyphosmythos ist nicht bloß eine dichterische Verbrämung und Veranschaulichung des Daseins des Menschen im Absurden: Sisyphos ist für Camus viel mehr als ein bloßes Symbol für das absurde Dasein. Der Mythos von Sisyphos ist das Symbol und ist auch gleichzeitig die Wirklichkeit des absurden Menschen, mit allen ihren Verbindlichkeiten und Konsequenzen.

(Peter Kampits)

Der Schwerpunkt aller unserer Begegnungen und Bewußtwerdungen des Absurden ist, daran kann kein Zweifel sein, das Sterben, die „blutige Mathematik, die über unserer Seinsverfassung waltet!" Wir fragen: Warum? Von dieser Frage aus kommen wir dann nur allzuleicht zum Kompromiß mit dem Tode, da die „Dichte und die Seltsamkeit der Welt", die das Absurde ausmachen, uns zu überwältigen drohen. Es gilt aber, sich mit den zitierten „Mauern" abzufinden, die unser Leben einschließen, und dennoch diesem treu zu bleiben. Der absurde Mensch hat keine Sehnsucht mehr, wie er kein Verlangen hat, aus seiner Zeitlichkeit herauszutreten und an einer Ewigkeit, die es nicht gibt, teilzuhaben. Er richtet sich bestmöglich ein im Rahmen seiner jeweiligen „Mauern", so hat er jeden Augenblick die Pflicht „total" zu sein, sich immer ganz zu verwirklichen. Und darauf kommt es an.

Vier Typen zeigt Camus uns auf, die dieser Forderung am meisten und am glücklichsten nachkommen. Sie gehen durch die Geschichte der Menschheit als Prototypen der dem Absurden die Stirn bietenden Individuen: Don Juan als der unerschöpflich Liebende; der Schauspieler als der unbekümmert um Selbstauflösung sich über alle Möglichkeiten des Lebens Hinbreitende; der Eroberer als der sich in der reinen Tat immer weiter Vervielfältigende, und der Schöpfer, der mit seinem Werk den Protest gegen das absurde Leben am sinnfälligsten verkörpert.

Wie der absurde Mensch sich niemals von der Zeit trennt, da es Ewigkeit für ihn nicht gibt, so entwickelt Don Juan, dem es auf die Berührung mit möglichst vielen Frauen ankommt, ein vielfältig gesteigertes, hiesiges Leben, das den Gedanken an das Sterben mit der Wollust überwindet. So schafft sich Don Juan eine „Ethik der Quantität", die jeder religiösen Ethik zuwiderläuft. Im Bewußtsein der Vergänglichkeit der vielen Gesichter dieser Welt, die er liebt, und selber nur in der Form seines Liebens, die er gewählt hat, vergänglich sein wollend, weiß er sich großmütig und freier: er spendet unaufhörlich neues Leben.

Auch der Schauspieler ist ein dauernder Lebensspender: Er „herrscht im Vergänglichen". Keines Menschen Ruhm ist flüchtiger als seiner. Was aber seine Größe ausmacht, ist seine Vielgestaltigkeit, das Sich-Nicht-Genügen-Lassen an einer immer wiederholten Lebensform. Zwischen dem, was ein Mensch sein will, und dem, was er tatsächlich ist, ist für ihn keine Grenze mehr. Was ihn mit dem absurden Menschen verbindet, ist, daß für ihn ein vorzeitiger Tod irreparabel wäre, daß nichts ihm die Gesichter und Jahrhunderte zu ersetzen vermöchte, durch die er sein Leben lang hindurchgeht und die für ihn das diesseitige, einzige Reich sind, das mit dem Tode zerfällt. Die Kirche wußte, warum sie in dem Schauspieler den ärgsten Widersacher hatte!

Auch die Lust des Eroberers liegt in seinem Wider-den-Stachel-Löcken gegen den Tod. Er hat die Tat gewählt, wissend, daß diese nur in der Zeit geschieht. Nur die Tat vermag ihn sich selber zu bestätigen, auch die erfolglose Tat, auch die Niederlage. Der wahre Eroberer ist sich über seine Vergänglichkeit nicht weniger klar als Don Juan und der Schauspieler. Aber auch er fühlt sich nur voll-menschlich, indem er sich in der Eroberung „ausbreitet", steigert und vervielfältigt, was nur der Tod widerruft. Daß seine Eroberungstat nicht hinlangt, den Menschen zu verbessern (und: die Absurdität des Lebens aufzuheben), ist ihm von vornherein klar, doch liegt ihr Wert gerade in der Aussichtslosigkeit des Protestes, den sie verkörpert. Des Eroberers niederfahrender Blitz erhellt für einen Augenblick die Einöde seines Lebens. Er vergeht mit seinem Leib, und dies zu wissen, bedeutet dem Eroberer Freiheit. Er hat das Absurde überlistet.

Der Schöpfer zuletzt ist für Camus der dauernde Überlister des Absurden schlechthin. Je größer er ist, um so weniger fragt er nach der Dauer des von ihm Geschaffenen, er erfährt seine Selbsterfüllung im Augenblick der Schöpfung. Indem er in potenzierter Form das Absurde selber unaufhörlich spielt, hat er es für sich selber gleichzeitig beispielhaft überwunden. Sein Leben ist unausgesetzter Protest gegen sein Menschenlos.

Camus hat diese vier extremen Typen gewählt, um an ihnen zu zeigen, wie am besten mit dem Faktum der Absurdität zu leben ist, ja, wie dieses den Menschen sogar zeitweise „königliche Macht" verleihen kann.

In der Philosophie und in der Literatur unseres Jahrhunderts, in die der Nihilismus in allen Ländern der westlichen Zivilisation in mannigfaltigen Formen seinen Einzug gehalten hat, ja, ihr Gesicht entscheidend bestimmt, dergestalt, daß an die Stelle von positiven Bezugs- und Schwerpunkten ein wie auch immer präpariertes „Nihil" getreten ist, stellt Camus' Werk einen ernsthaften Versuch dar, diesen Nihilismus zu überwinden. Er lehrt uns, trotz aller Lebenswidrigkeit, der wir zwischen Geburt und Tod begegnen, trotz erkannter Sinnlosigkeit des Lebens leidenschaftlich am Leben festzuhalten, als an dem einzig positiven Wert, der uns erkennbar gegeben ist. Im Augenblick, da wir beginnen, uns gegen das Absurde aufzulehnen, dagegen, uns von ihm beherrschen und martern zu lassen, kurz: indem wir ihm eigenen Willen und eigene Tat entgegensetzen oder, wie Sisyphos, unsere Qual durch Verachtung überwinden lernen, sind wir im unanfechtbaren Besitz unseres hiesigen Lebens, das unser einziges ist. Camus' Philosophie wird von hier aus eine neue Botschaft des Glücks.

(Carol Petersen)

SISYPHOS UND RIEUX

Der absurde Mensch muß sich diesseits der Hoffnung bewähren. Sisyphos wälzt den Stein ohne Hoffnung und ohne Verzweiflung, Dr. Rieux (in „die Pest") kämpft gegen die Seuche im klaren Bewußtsein einer endlosen Niederlage. Er weiß, daß seine Chronik nur das „Zeugnis dessen sein kann, was man hatte vollbringen müssen und was ohne Zweifel noch alle jene Menschen vollbringen müssen, die trotz ihrer inneren Zerrissenheit gegen die

Herrschaft des Schreckens und seine unermüdliche Waffe ankämpfen, die Heimsuchungen nicht anerkennen wollen, keine Heiligen sein können, und sich dennoch bemühen, Ärzte zu sein."

Sisyphos und Rieux liefern **Modelle der Bewährung in der Heimsuchung.** Ihre Revolte gegen die Tyrannei des Absurden geht nicht von der Illusion aus, die Welt ändern zu können. Sie kennen ihre Ohnmacht gegenüber dem Chaos der Tatsachen, den Verheerungen des Zufalls, dem Tod, der Ungerechtigkeit der Leiden, der Unmöglichkeit des Verstehens, der Gleichgültigkeit der Natur und der primitiven Feindseligkeit der menschlichen Welt — und handeln trotzdem. Der Sinn ihrer Revolte liegt nicht im Resultat, sondern in der Revolte. Das Wesen der Tat ist nicht, daß sie die Wirklichkeit verändert, sondern daß sie sie abweist — insofern steht jede Tat dem Kunstwerk gleich. Jede Tat, auch die folgenlose, setzt dem brutalen Realismus der Fakten die Autonomie des menschlichen Bewußtseins entgegen. Darin bestätigen sich die Würde des Menschen und seine Freiheit. Mit jedem Versuch einer helfenden, heilenden Tat trägt der Mensch den abwesenden Gott in die Welt. Das ist der Sinn des homme rèvolté. „Wie die Gefahr dem Menschen die unersetzliche Gelegenheit verschafft, sich des Bewußtseins zu bemächtigen, so breitet die metaphysische Auflehnung des Bewußtseins sich über die ganze Erfahrung aus. Sie ist die ständige Anwesenheit des Menschen bei sich selbst." So verstanden, bringt das Absurde den Menschen zu sich selber, verhilft ihm zu einem ungeheueren Zuwachs an Leben. Es ist — und das wird insbesondere an der Figur des Dr. Rieux deutlich — das Band des Hasses, das Mensch und Welt verbindet und ihn immer wieder nötigt, sich in der aussichtslosen Auflehnung zu beweisen und auszuschöpfen. „Diese Auflehnung gibt dem Leben seinen Wert. Erstreckt sie sich über die ganze Dauer einer Existenz, so verleiht sie ihr Größe. Für einen Menschen ohne Scheuklappen gibt es kein schöneres Schauspiel als die Intelligenz im Kampf mit einer ihr überlegenen Wirklichkeit. Das Schauspiel des menschlichen Stolzes ist unvergleichlich." Bewußtsein und Auflehnung sind die abschlägige Antwort des Menschen an das Absurde. „In diesem Bewußtsein und in dieser Auflehnung bezeugt er Tag für Tag seine einzige Wahrheit, die Herausforderung."

(Günter Blöcker)

HANS MAGNUS ENZENSBERGER
ANWEISUNG AN SISYPHOS

was du tust, ist aussichtslos, gut.
du hast es begriffen, gib es zu,
aber finde dich nicht damit ab,
mann mit dem stein. niemand
dankt dir; kreidestriche,
der regen leckt sie gelangweilt auf,
markieren den tod. freu dich nicht
zu früh, das aussichtslose
ist keine karriere. mit eigener
tragik duzen sich wechselbälge,
vogelscheuchen, auguren. schweig,
sprich mit der sonne ein wort,
während der stein rollt, aber
lab dich an deiner ohnmacht nicht,
sondern vermehre um einen zentner
den zorn in der welt, um ein gran.
es herrscht ein mangel an männern,
das aussichtslose tuend stumm,
ausraufend wie gras die hoffnung,
ihr gelächter, die zukunft, rollend
rollend ihren zorn auf die berge.

(Aus: Hans Magnus Enzensberger,
verteidigung der wölfe, Frankfurt a. M. 1957)

DER MENSCH IN DER REVOLTE

Im Jahre 1952 legte Albert Camus eine umfangreiche Studie des „ideologischen Aspektes der Revolutionen" vor, eine Essaysammlung, die sich kritisch mit revolutionären Bewegungen wie zum Beispiel mit dem Christentum, dem Marxismus und mit bedeutenden „Revolutionären" wie Marx, Hegel, Freud, Nietzsche, de Sade, Rimbaud und anderen auseinandersetzte. Kurz gefaßt läßt sich sagen, daß Camus die Revolution, die sich der Gewalt bedient, verurteilt, daß er aber die Revolte, die Empörung des Menschen gegen Ungerechtigkeiten jeder Art, befürwortet.

„Die Revolte beweist dadurch, daß sie die Bewegung des Lebens selbst ist und daß man sie nicht verneinen kann, ohne darauf zu verzichten, zu leben, die Notwendigkeit ihrer Existenz. Ihr reinster Ruf bewirkt jedesmal, daß ein Wesen sich erhebt. Sie ist also Liebe und Fruchtbarkeit, oder sie ist nichts. Die Revolution ohne Ehre, die Revolution der Berechnung, verleugnet das Sein ebenso oft, wie es nötig ist, und setzt an die Stelle der Liebe das Ressentiment. So oft die Revolte ihre hochherzigen Ursprünge vergißt und sich vom Ressentiment anstecken läßt, verleugnet sie das Leben, bewegt sie sich auf die Zerstörung zu und bewirkt die Erhebung einer grinsenden Horde jener kleinen Rebellen, die sich schließlich auf allen Märkten Europas zu jeder beliebigen Dienstleistung anbieten. Sie ist dann nicht mehr Revolte, sondern Rachsucht und Tyrannei. Wenn dann die Revolution, im Namen der Macht und der Geschichte, diese mechanische und maßlose Mörderin geworden ist, wird eine neue Revolte im Namen des Maßes und des Lebens notwendig. In dieser extremen Lage sind wir. Am Ende der Finsternisse ist indessen ein Licht zu erwarten, das wir schon erraten und für das wir nur zu kämpfen haben, damit es sei. Jenseits des Nihilismus bereiten wir alle inmitten der Ruinen eine Renaissance vor. Aber wenige wissen es."

Die Essaysammlung „Der Mensch in der Revolte" gliedert sich in folgende Abschnitte:

>Einleitung: Das Absurde und der Mord
>Der Mensch in der Revolte
>Die metaphysische Revolte
>Die historische Revolte
>Revolte und Kunst
>Der Mittagsgedanke

Wichtige Kapitel innerhalb dieser Abschnitte sind:
>Die Söhne Kains
>Die Zurückweisung des Heils
>Nietzsche und der Nihilismus
>Nihilismus und Geschichte
>Der Terror
>Die Gottesmörder
>Der Terrorismus des Staates
>Revolte und Revolution
>Revolte und Mord
>Maß und Maßlosigkeit
>Jenseits des Nihilismus

Eine eingehendere Besprechung dieses gedankenreichen Werkes ist im Rahmen dieses Bändchens nicht möglich. Wie aktuell aber die Ausführungen Camus' sind, mögen drei kleine Abschnitte zeigen.

Das Buch „Der Mensch in der Revolte" beginnt mit den Worten: „Es gibt Verbrechen aus Leidenschaft und Verbrechen aus Überlegung. Die Grenze, die sie scheidet, ist unbestimmt. Aber das Strafgesetzbuch unterscheidet sie, und zwar bequem, mittels des Vorsatzes. Wir leben im Zeitalter des Vorsatzes und des vollkommenen Verbrechens. Unsere Verbrecher sind nicht mehr jene harmlosen Kinder, denen man verzeihen kann und die man lieben mußte. Sie sind im Gegenteil sehr erwachsen und haben ein unwiderlegbares Alibi, nämlich die Philosophie, die zu allem dienen kann, sogar dazu, aus Mördern Richter zu machen."

In der Mitte des Buches, im Kapitel „Der Terror", heißt es: „Der russische Kommunismus vollendet durch seine heftige Kritik jeglicher formalen Tugend das Werk der Revolten des 19. Jahrhunderts, indem er jedes höhere Prinzip verneint. Auf die Königsmörder des 19. Jahrhunderts folgen die Gottesmörder des 20. Jahrhunderts, die bis an das Ende der Logik der Revolte gehen und aus der Erde das Königreich machen wollen, wo der Mensch Gott sein wird. Die Herrschaft der Geschichte beginnt, und indem der Mensch seiner wahren Revolte untreu wird und sich bloß noch mit seiner Geschichte identifiziert, widmet er sich von nun an den nihilistischen Revolutionen des 20. Jahrhunderts, die jede Moral verneinen und auf dem Wege durch eine zermürbende Anhäufung von Verbrechen und Kriegen verzweifelt nach der Einheit des Menschengeschlechtes suchen."

Und am Ende des Buches, zu Beginn des Kapitels „Revolte und Mord" lesen wir:

„Die Quellen des Lebens und der Schöpfung scheinen versiegt zu sein. Die Furcht läßt ein Europa erstarren, das von Gespenstern und Maschinen bevölkert ist. Zwischen zwei Blutbädern werden in der Tiefe unterirdischer Gewölbe Schafotte errichtet. Die „humanistischen" Folterer feiern dort ihren neuen Kultus in aller Stille. Was für ein Schreien könnte sie stören? Sogar die Dichter erklären angesichts der Ermordung ihres Bruders voll Stolz, daß ihre Hände sauber seien. In früheren Zeiten rief das bei einem Mord vergossene Blut wenigstens einen heiligen

Schauder hervor; das Blut heiligte so den Wert des Lebens. Die wahre Verdammnis unserer Epoche besteht darin, daß sie sogar dem Gedanken Raum gibt, sie sei noch nicht blutig genug. Das Blut ist nicht mehr sichtbar; es spritzt nicht hoch genug hinauf in das Gesicht unserer Pharisäer. Das äußerste Ende des Nihilismus ist erreicht: der blinde, leidenschaftliche Mord wird zu einer Oase und der geistesschwache Verbrecher wirkt noch erquickend neben unseren höchst intelligenten Henkern...

Die Logik antwortet, daß Mord und Revolte kontradiktorische Gegensätze sind. Denn nur ein einziger Mensch braucht getötet zu werden, und schon hat der Revoltierende nicht mehr die Berechtigung, von der Gemeinschaft der Menschen zu reden, von der er doch seine Rechtfertigung herleitete. Wenn diese Welt keinen höheren Sinn hat, wenn der Mensch nur den Menschen hat, um Antwort zu bekommen, dann braucht ein Mensch nur ein einziges Wesen aus der Gesellschaft der Lebenden auszuschließen, um sich selbst von ihr auszuschließen. Als Kain den Abel getötet hatte, floh er in die Wüsteneien..."

STIMMEN ZU DER ESSAYSAMMLUNG „DER MENSCH IN DER REVOLTE"

„Der Mensch in der Revolte" ist das aggressivste, das politischste Buch des so unaggressiven und im Grunde auch unpolitischen Autors Albert Camus. Erst im letzten Teil des Werkes, „Der Mittagsgedanke" betitelt, kehrt Camus zu der zwar abgewandelten, in den Grundzügen jedoch unveränderten konstruktiven Auffassung vom Leben zurück, mit der er den „Mythos von Sisyphos" beschlossen hatte.

Die beiden ersten großen Hauptteile legen die Gründe menschlicher Rebellion dar und weisen ihre Grenzen auf. Ausgehend von der metaphysischen Revolte des Prometheus, den Camus als Feind der Götter, als Freund der Menschen, ihren Meister, aber mit dem Antlitz eines seiner Opfer deutet, verfolgt er den Weg großer Rebellen (de Sade, Iwan Karamasow, Nietzsche), die zwar alle im Wahnsinn endeten, die aber eine heute mögliche Revolte vorbereitet haben.

In dem Kapitel „Die historische Revolte" geht Camus scharf mit
der Revolution als einem Vorwand für den politischen Macht-
kampf ins Gericht. Er schont dabei keineswegs Ideologien und
Parteilinien. Vor allem fordert er die Kritik des Kommunismus
heraus. Obwohl Camus zu der „liberalen Linken" zählt, ist
er mit Sartre einig in der Ablehnung der herrschenden Partei-
doktrin. Eine von der kommunistischen Partei unabhängige Linke,
wie sie Sartre mit der Gründung des „Rassemblement Démo-
cratique Révolutionaire" zu konstituieren suchte, entsprach auch
Camus' Vorstellungen. Selbstverständlich ist Camus gegen jede
Art von Gewalt. Er verurteilt sowohl das stalinistische Terror-
system im Osten wie die imperialistische Politik des Westens.
Er protestiert gegen die Aufnahme Franco-Spaniens in die
UNESCO. Er ergreift die Partei der Unterdrückten in aller Welt,
ob es sich um die Zwangsarbeiter in Rußland handelt oder um
Ost-Berlin, um Ungarn, Polen oder Zypern. Er verurteilt jede
Art von Nationalismus, auch im eigenen Land. Die Politik Frank-
reichs in den Nachkriegsjahren gibt ihm hinreichend Gelegenheit
zu scharfer Kritik. Sie richtet sich gegen die Rechte, u. a. gegen
de Gaulle und seine Partei des „Rassemblement du Peuple
Français", ebenso wie gegen die kommunistische Linke.

Sisyphos — Prometheus — Nemesis — das ist die Entwicklung
Camus'. Am Ende dieses langen Weges, der nie eine vorange-
gangene Stufe negiert, sondern jede in der nächsten spiegelt
(so enthält der Idealbegriff des Maßes, mit dem der Essay über
die Revolte schließt, beides: das schweigende Glück des sich
mühenden Sisyphos und die im Namen der Menschheit geübte
Revolte Prometheus'), steht die einzige Regel, die heute originell
ist: zu leben und zu sterben lernen und, um Mensch zu sein,
es abzulehnen, Gott zu sein.

(Christa Melchinger)

Im Sommer 1949 hatte Camus, einer Regierungseinladung fol-
gend, auch Südamerika besucht, um unter anderem dort Vor-
träge zu halten. Doch bald nach seiner Rückkehr zwang ihn ein
Tuberkulose-Anfall erneut zu Maßhalten und Schonung. Er lebte
zurückgezogener denn je und schuf dem Umfang nach während
der nächsten zwei Jahre nur wenig. „Der Mensch in der Revolte"
(L'Homme Révolté), dessen endgültige redaktionelle Bearbei-

tung er in den Jahren 1949—1951 vornahm und das in seinem dem Abstrakten gewidmeten Werkteil den größten Raum einnimmt, war die eigentliche Frucht dieser Zurückgezogenheit. Sie war der Versuch, die im „Mythos von Sisyphos" offengebliebenen Fragen einer befriedigenden Antwort zuzuführen, zu ergründen, ob es „innerhalb der Grenzen des Nihilismus möglich ist, die Mittel zur Überwindung des Nihilismus zu finden". Camus sprach bescheiden von seinem Essay als einer „Bemühung, meine Zeit zu verstehen".

Die Thematik des Werkes hatte Camus schon seit den Tagen des „Mythos von Sisyphos" beschäftigt, den er seit je fortzuführen beabsichtigt hatte. In seinem bohrenden Bemühen, jenseits der sozialen, äußeren Not die Urgründe der metaphysischen Not des Menschen unserer Tage aufzudecken, war er bei dem Nihilismus angekommen, der unter verschiedenen Formen und Masken mittlerweile überall zur Macht gelangt war. Camus' Untersuchung ging nun dahin, die Prämissen klarzulegen, die zur Machtergreifung des Nihilismus fast im gesamten Abendland geführt hatten. So ist „Der Mensch in der Revolte" ein kritischer Gang durch die Revolutionen der letzten zwei Jahrhunderte und durch die sie auslösenden Philosophien und Literaturen. Da der Nihilismus eine geistige Haltung ist, tritt Camus ihm mit den Mitteln des Intellekts gegenüber.

Dabei geht Camus, wie stets, vom einzelnen Menschen aus.
„Was ist ein Mensch in der Revolte? Ein Mensch, der nein sagt. Aber wenn er nein sagt, verzichtet er doch nicht: er ist auch ein Mensch, der ja sagt, schon von der ersten Bewegung an."

Aber der nein sagende Mensch erlebt, indem er seinen Willen einem anderen entgegensetzt, in gesteigerter Form sich selbst. „Ich empöre mich, also bin ich." Und da seine Empörung nur allzuoft aus dem Miterleben der Unterdrückung anderer hervorgeht, vermag Camus gleich einen Schritt weiterzugehen, indem er sagt: „Ich empöre mich, also sind wir." Womit von den ersten Zeilen an wieder die Grundeinstellung Camus' erkennbar wird, nämlich die der mitmenschlichen Solidarität, die auch der abstrakte Denker-Dichter niemals aufgibt.

Vorbild aller sich metaphysisch Auflehnenden ist für Camus die Gestalt des Prometheus, aber auch dieser hat im Laufe der Zeiten eine Entwicklung durchgemacht, durch die er die Empörung des Menschen auf Formen und Normen brachte, sie „regulierte", auf Ideologien wie auf Flaschen zog und schließlich in totalitären Staatsformen entarten und erstarren ließ, die der „Winter der Welt" wurden, in welchem wir nunmehr leben.

„Seinen Haß auf die Götter und seine Liebe zu den Menschen verkündend, wendet er sich voll Verachtung von Zeus ab und kehrt sich den Sterblichen zu, um sie zum Ansturm auf den Himmel zu führen. Aber die Menschen sind schwach oder feige, sie müssen in Zucht genommen werden. Sie lieben das Vergnügen und das augenblickliche Glück. Man muß sie lehren, den Honig der Tage zu verschmähen, um größer zu werden. So wird Prometheus seinerseits zum Meister, der zunächst belehrt, dann befiehlt. Der Kampf zieht sich weiter in die Länge und erschöpft die Kräfte. Die Menschen sind nicht gewiß, in den Sonnenstaat zu gelangen, und zweifeln, ob es ihn gibt. Sie müssen vor sich selbst gerettet werden. Da sagt ihnen der Held, daß er den Staat kennt und daß nur er allein ihn kennt. Wer daran zweifelt, wird in eine Wüste verstoßen, an einen Felsen geschmiedet, den grausamen Vögeln zum Fraß preisgegeben. Die übrigen werden nunmehr im Dunkeln gehen, hinter dem nachdenklichen und einsamen Meister. Prometheus, ganz allein, ist Gott geworden und herrscht über die Einsamkeit der Menschen. Aber von Zeus hat er nur die Einsamkeit und die Grausamkeit errungen. Er ist nicht länger Prometheus, er ist Caesar."

Es läßt sich leicht auf eine Formel bringen, was uns Camus mit dieser zeitgemäßen Abwandlung der Prometheus-Sage bedeuten will: die Revolte des Menschen, die der Ausdruck seines Strebens nach Gerechtigkeit ist — natürliche Reaktion auf seine absurde Lebenssituation —, ist durch die Revolutionen der Völker praktisch verraten worden. Daher müssen wir scharf unterscheiden zwischen den Begriffen „Revolte" und „Revolution". In der „entheiligten Epoche", in der wir leben, ist die Revolte der Ausdruck unserer Realität, ja, unserer Würde geworden. Die Revolutionen haben sich dieser Revolten des Menschen bedient, um ihre egoistischen Ziele mit ihnen zu verfolgen und schließlich, zum Unheil aller, zu erreichen. Camus weist nun am Beispiel der großen „Ideologen", wie Sade, Hegel, Marx, Nietzsche und anderen, nach, daß ihre historischen Wegbereitungen teils zu einem rationalen, teils zu einem irrationalen, in jedem Falle aber zu einem terroristischen Staat geführt haben. Aus dem Terror des sich empörenden Einzelnen ging der Staatsterror der organisierten Massen hervor, der logischerweise auch den Massenmord als für seine Zwecke geheiligtes Mittel anerkennt und gebraucht. Daß, wie im Faschismus, der Mensch die Rolle Gottes übernommen, oder, wie im Bolschewismus, die Vernunft im Sinne marxistischer Interpretation die Führung des Staates an sich gerissen hat, läuft, was den Verrat an der Revolte des Individuums betrifft, auf dasselbe hinaus. Mögen auch am Anfang der großen Revolutionen überragende Köpfe gestanden haben, die gleichzeitig von einem Ethos durchdrungen waren, im Augenblick, da ihre Revolten in den Händen von Doktrinären und Funktionären verfälscht und egoistischen Interessen dienstbar gemacht wurden, wirkten sie für die Gemeinschaft der Menschen nur Unheil.

Die Revolte aber, die Camus für die einzig sinnvolle hält, ist die, die das Anliegen aller Menschen sein kann und die der Macht gerade zuwiderläuft. Die Revolte des Individuums enthält in ihrer positiven Zielgerichtetheit auch immer eine Beschränkung, ein bestimmtes Gefühl für das „Maß", das die Revolution über Bord wirft. So kehrt sich Camus von der letztlich alles rechtfertigenden Geschichtlichkeit unseres Denkens, das bereits eine viel zu tief eingefressene Gewohnheit ist, ab, und verwirft ihre zutiefst widernatürliche Tyrannis über den Menschen.

(Carol Petersen)

GEGEN DIE DIKTATUR — FÜR DIE FREIHEIT

Die Revolte, die Camus für die einzig sinnvolle hält, ist die, welche den Menschen das größtmögliche Maß an Freiheit und Glück sichern kann. Das Bestreben, den Menschen zur Freiheit und damit zum Glück zu führen, bedingt die politische und weltanschauliche Haltung des Dichters. Als politisch denkender Mensch verwirft Camus jede Art der Diktatur. Bevormundung und Gängelung erscheinen ihm als widernatürlich. Er verurteilt jeden Gewissenszwang, jede Einschränkung der individuellen Freiheit und Freizügigkeit. Am Beispiel des Kommunismus zeigt er auf, daß dessen ideale Ziele durch die allgemeine Nivellierung, völlige Gleichschaltung des Gemeinwesens und Eindämmung aller individuellen und privaten Bestrebungen praktisch aufgehoben werden.

Camus wendet sich auch gegen den von den Marxisten propagierten absoluten Materialismus. Er sagt: „Es gibt keinen absoluten Materialismus, denn die Auffassung dieses Konzepts setzt allein schon die Annahme voraus, daß es etwas gibt, das über der Materie steht. Auf gleiche Weise gibt es keinen totalen Nihilismus. Dadurch, daß man sagt: alles ist Unsinn, drückt man etwas aus, das einen Sinn hat."

Diese politische Haltung Camus' führt ihn zu tiefer weltanschaulicher Einsicht. Camus ist weder ein „Prophet des Absurden" noch ein Antichrist. Wir zitieren ihn wieder selbst: „Man hat aus mir den Propheten des Absurdums gemacht. Es ist heute nicht mehr der Mühe wert, zu betonen, daß das Absurdum in meinem eigenen Erleben nur als ein Anhaltspunkt betrachtet werden darf, auch wenn die Erinnerung an dieses Erleben und dessen Nachwirkungen meine späteren Schritte begleitet haben. Es ist unmöglich, sich in den Schranken einer universellen Sinnlosigkeit gefangen zu erklären und die Verzweiflung als eine verhängnisvolle Tatsache hinzunehmen."

„Wir haben lange daran geglaubt, diese Welt habe keinen transzendentalen Sinn und wir wären also verdammt und geprellt. Das glaube ich immer noch in gewisser Hinsicht. Ich habe aber andere Schlüsse daraus gezogen. Du hast deinerseits niemals geglaubt, die Welt habe einen Sinn und bist darum der Überzeugung gewesen, daß alles gleichgültig sei, und daß das Gute und das Böse ausschließlich einer individuellen und subjektiven Bewertung unterliegen. Leichten Herzens hast du die Verzweiflung akzeptiert: darin habe ich nie eingewilligt. Ich bin stets der Überzeugung gewesen, daß der Mensch die Gerechtigkeit aufrechterhalten sollte, um gegen die ewige Ungerechtigkeit anzukämpfen, um gegen das kosmisch-universelle Unglück zu protestieren. Ich habe mich immer geweigert, das Verzweifeln zu akzeptieren und eine Welt der Qual gutzuheißen: ich habe vor allem danach getrachtet, die Menschen zu ihrer Solidarität zurückzuführen, damit sie gemeinsam gegen ihr abscheuliches Schicksal ankämpfen. Ich glaube allerdings immer noch fest daran, daß die Welt keinen transzendentalen Sinn hat. Ich weiß aber sehr wohl, daß etwas in der Welt einen Sinn hat, und zwar der Mensch selbst, weil er das einzige Wesen ist, das nach Ordnung verlangt. Diese Welt besitzt zumindest die Wahrheit des Menschen, und unsere

Aufgabe besteht darin, ihm seine Rechtfertigung gegen das Schicksal selbst zu geben." (Lettres à un ami allemand)

An der Kirche bemängelt Camus, daß sie sich politisch orientiere, sich dem Staat oder weltlichen Organisationen unterwerfe und in Abhängigkeit von ihnen gerate, Pakte mit dem Staat schließe, die gegen die Menschenrechte und die Freiheit des menschlichen Lebens gerichtet seien, gewisse unmenschliche Einrichtungen des Staates dulde oder gar billige und zu geschehenem Unrecht, zu Vergewaltigungen und Gewaltanwendungen wie Hinrichtungen, Tötungen, Vertreibungen und Kriegen schweige. Diese Kritik an der Kirche hindert aber Camus nicht daran, den echten menschlichen Werten der Armut und Caritas, die der Urbotschaft des Christentums entsprangen, ehrlich zu huldigen. In diesem Sinne übt auch der Arzt Dr. Rieux in dem Roman „Die Pest" ein aktives Christentum aus, auch wenn er nicht unmittelbar an Gott glaubt oder vorerst „noch im dunkeln tappt". Rieux hält es mit Faust:

> Tor, wer dorthin die Augen blinzelnd richtet,
> sich über Wolken seinesgleichen dichtet;
> er stehe fest und sehe sich hier um —
> dem Tüchtigen ist diese Welt nicht stumm.

So fordert Camus immer wieder den Dienst am Menschen, die Hingabe an die Gemeinschaft, den Kampf gegen Schmerz und Elend; die Forderungen, die er an alle stellt, verlangen ein Bekenntnis zur Tätigkeit und Hilfsbereitschaft, zur Nächstenliebe und Brüderlichkeit, zur Gerechtigkeit und Freiheit.

In diesem Sinne vertritt Camus nicht nur den freiheitlichen Geist, sondern auch die Humanitas der abendländischen Kultur.

VORSCHLÄGE FÜR AUFSATZTHEMEN

1) Die ersten Anzeichen der Pestepidemie in Oran und die Maßnahmen zu ihrer Bekämpfung.
2) Wie die Pest das Leben der Stadt Oran verändert.
3) Charakterisieren Sie die Hauptgestalten des Romans und schildern Sie, wie sie sich während der Pestepidemie verhalten.

4) Die Einsatzbereitschaft des Arztes Dr. Rieux und seine weltanschauliche Haltung.
5) Die erste Unterredung zwischen Dr. Rieux und Tarrou (in der Wohnung Rieux').
6) Nehmen Sie Stellung zu den beiden Predigten des Paters Paneloux.
7) Welche Auffassung vom Sinn der Seuche und des Leidens der Menschen haben Dr. Rieux und Pater Paneloux? Charakterisieren Sie sie als die beiden Gegenspieler des Romans.
8) Erläutern Sie den Camusschen Begriff des Absurden an den Geschehnissen in Oran.
9) Inwiefern kennzeichnet das Goethe-Wort „Schwerer Dienste tägliche Bewahrung / Sonst bedarf es keiner Offenbarung" die Haltung des Arztes Dr. Rieux?
10) Inwiefern bestätigt das Tun Dr. Rieux' die von Camus im „Mythos des Sisyphos" dargelegte Auffassung vom Wesen des Absurden?
11) Welche Gedanken löst der Tod von Herrn Othons Kind in Dr. Rieux und Pater Paneloux aus?
12) Auf welcher Basis finden sich die beiden Gegenspieler Dr. Rieux und Pater Paneloux?
13) Die zweite Unterredung zwischen Dr. Rieux und Tarrou (auf der Terrasse am Meer). — Tarrous Selbstbekenntnis.
14) Das Ende der Pest und das Verhalten der Menschen nach dem Erlöschen der Epidemie.
15) Charakterisieren Sie die von der Pest bedrohte Stadt Oran als Sinnbild einer menschlichen, einem Kollektivschicksal ausgelieferten Gemeinschaft.
16) Wie deuten Sie Camus' Wort: „Wie alle Übel dieser Erde kann auch die Pest einigen Menschen zur Größe verhelfen"?
17) Wieso kommt Dr. Rieux schließlich zu der Erkenntnis, „daß es an den Menschen mehr zu bewundern als zu verachten gibt"?
18) Inwiefern stellt nach der Auffassung von Camus der Mensch selber in einer absurd erscheinenden Welt den einzigen positiven Wert dar?

19) Nenne Beispiele aus der Geschichte oder deiner Erfahrung für ständig sich wiederholende Unternehmungen, die wegen ihrer permanenten Erfolglosigkeit absurd genannt werden müssen.
20) Inwiefern bezeichnet Camus Sisyphos als einen „glücklichen Menschen"?
21) Inwiefern sieht Camus weder den Faschismus noch den Kommunismus als heilbringend an?
22) Wie begründet Camus den Unterschied zwischen Revolution und Revolte?
23) Worin sieht Camus Möglichkeiten und Wege zur Überwindung des Nihilismus?
24) Sisyphos und Prometheus — zwei Symbolgestalten Camus' — ein Vergleich.

VERZEICHNIS DER LITERATUR UND NACHWEIS DER ZITATE

Blanchet, André, Albert Camus, Dokumente 1950

Blöcker, Günter, Die neuen Wirklichkeiten, Berlin 1957

Bollnow, Otto Friedrich, Die Pest, Die Sammlung 3/1948

Brée, Germaine, Albert Camus, Hamburg 1960

Grenzmann, Wilhelm, Albert Camus in: Weltdichtung der Gegenwart, Bonn 1961

Jeschke, Hans, Albert Camus — Bild einer geistigen Existenz, Die Neueren Sprachen, Frankfurt 1952

Lebesque, Morveau, Camus, Hamburg 1960, Ro-Ro-Monographie 50

Lenz, Joseph, Die Philosophie des Absurden von Camus, Trier 1951

de la Maestre, André Espiau, Der Sinn und das Absurde, Salzburg 1961

Petersen, Carol, Albert Camus, Berlin 1961

Pfeiffer, Johannes, Die Pest, Berlin o. J.

Sartre, Jean-Paul, Albert Camus, Der Monat 1960
Theiss, Raimund, Albert Camus' Rückkehr zu Sisyphos, Romanische Forschungen 70/1958
Thieberger, Richard, Albert Camus, Universitas, Stuttgart 14/1959

Weitere Sekundärliteratur:

Bahners, Klaus, Camus: Der Fremde — Die Pest — Darstellung und Interpretation, Hollfeld/Obfr.

Bollnow, Otto Friedrich, Französischer Existentialismus, Stuttgart 1965

Gillessen, Herbert, Albert Camus in: Wolf-Dieter Lange, Französische Literatur der Gegenwart, Stuttgart 1971

Jacobs, Wilhelm, Moderne Dichtung, Gütersloh o. J.

Kampits, Peter, Der Mythos vom Menschen — Zum Atheismus und Humanismus Albert Camus', Salzburg 1968

Manthey, Franz, Künder und Deuter menschlicher Existenz, Osnabrück 1966

Melchinger, Christa, Camus, Velber bei Hannover 1970

Moeller, Charles, Literatur des 20. Jahrhunderts und Christentum, Bonn 1960

Noyer-Weidner, Alfred, Das Formproblem der „Pest" von Albert Camus, German.-Roman. Monatsschrift 1958/8

Pollmann, Leo, Sartre und Camus — Literatur der Existenz, Stuttgart 1967

Thody, Philip, Albert Camus, Bonn 1964

Bibliographien:

Bollinger, Renate, Albert Camus — Eine Bibliographie der Literatur über ihn und sein Werk, Köln 1957

Brée, Germaine, Camus, New Brunswick 1959

Bentz, Hans W., Albert Camus in Übersetzungen, Frankfurt a. M. 1966

Lebesque, Morveau, Camus, Reinbek bei Hamburg 1976 (rowohlts monographien Bd. 50)

Preiswerte Ausgaben der in vorliegendem Band erörterten Werke von Albert Camus:

Albert Camus, Die Pest, rororo Taschenbuch 15

Albert Camus, Der Mythos von Sisyphos, Ein Versuch über das Absurde. Mit einem kommentierenden Essay von Liselotte Richter, rororo Taschenbuch 90

Albert Camus, Der Mensch in der Revolte, Essays, rororo Taschenbuch 1216

Albert Camus, Fragen der Zeit, Essays, rororo Taschenbuch 4111

ZUR NACHHILFE IN FRANZÖSISCH

Klaus Bahners
**Französischunterricht in der Sekundarstufe II
(Kollegstufe)** Texte - Analysen - Methoden
Hinweise für Lehrer und Schüler der reformierten Oberstufe zur Interpretation französischer Texte und Abfassungen von Nacherzählungen.

W. Reinhard **Französische Diktatstoffe**
Zur Festigung und Wiederholung von Rechtschreibung und Grammatik. Vorbereitung zur Nacherzählung. Zur Nachhilfe, Kontrolle und Selbstbeschäftigung.
**Unter- und Mittelstufe (1.–4. Unterrichtsjahr)
Oberstufe**

W. Reinhard
Übungen zur französischen Herübersetzung
Das Buch richtet sich an den selbständig arbeitenden Schüler, ist also zur Selbsthilfe geschrieben. Die Lösungen im 2. Teil des Buches weisen darauf hin.

W. Reinhard
Übungstexte zur französischen Grammatik 9.–13. Klasse
Bei diesen Texten werden alle Schwierigkeitsgrade berücksichtigt. An die Texte schließen sich Aufgaben an, deren Lösungen in einem Anhang mitgegeben werden.

G. Sautermeister
Der sichere Weg zur guten französischen Nacherzählung
Das Werk umfaßt alle wesentlichen Gesichtspunkte, die beim Schreiben einer guten Nacherzählung berücksichtigt werden müssen.

Paul Kämpchen
Französische Texte zur Vorbereitung auf die Reifeprüfung
Innerhalb der Texte kann der Studierende die Fähigkeit zur schnellen und genauen Aufnahme einer kurzen Erzählung und deren treffende Wiedergabe reichlich üben.

Möslein/Sickermann-Bernard
Textes d'étude. 25 erzählende Texte französischer Literatur
Die aus der neueren französischen Literatur stammenden Texte dienen als Vorlagen für Nacherzählungen und Textaufgaben.

Bitte fordern Sie Gesamtverzeichnis an beim

C. Bange Verlag 8601 Hollfeld/Ofr.

Banges Unterrichtshilfen

Edgar Neis
WIR INTERPRETIEREN BALLADEN
Materialien zum Verständnis klassischer und moderner Texte.
Aus dem Inhalt: Kunert – Reinig – Celan – Huchel – Kolmar – Brecht – Gg. Heym – Miegel – B. v. Münchhausen – O. Ernst – Liliencron – Fontane – C. F. Meyer – Hebbel – Heine – Herder – Schiller – Goethe u. v. a.

Robert Hippe
DEUTSCH AUF DER NEUGESTALTETEN GYMNASIALEN OBERSTUFE
– Mündliche und schriftliche Kommunikation –
Sprache und Verständigung – Diskussion – Protokoll – Inhaltsangabe – Erörterung – Referat- und Redegestaltung u. v. a.
Ein unentbehrliches Nachschlagewerk für den Deutschunterricht der Oberstufe. Für Lehrer und Schüler gleichermaßen geeignet.

Demnächst erscheint:
UMGANG MIT LITERATUR
Definition von Literatur – Merkmale der Lyrik, Epik, Dramatik – Arten der Interpretation – Was ist Interpretation – Warum Interpretation u. v. a.

Wolfgang Kopplin
KONTRAPUNKTE
Kontrovers-Interpretationen zur modernen deutschsprachigen Kurzprosa

Texte von: Artmann – Bichsel – Dellin – Gerz – Gregor – Kunert – Reinig – Schnurre – u. a. werden in einer Pro- und Kontra-Interpretation vorgestellt.
Prosatexte, zwischen 1963 und 1975 entstanden, dienen dem Autor dazu, die dialektische Methode des Pro und Contra als Interpretationsansatz anzuwenden. Dem Primärtext schließen sich jeweils die Kontrovers-Interpretationen an. Für Lehrer und Schüler der Sekundarstufen I und II.

EKZ, Reutlingen

Ein Buch, welches Anregungen zum Verstehen und zur Entschlüsselung von Texten gibt.

Banges Unterrichtshilfen

Matthias Übelacker
GUT DEUTSCH
Sprachlehre (Grammatik) unter besonderer Berücksichtigung der Schwierigkeiten beim Dativ und Akkusativ, bei Verhältniswörtern und Zeitwörtern, Rechtschreiblehre und Zeichensetzung, nebst einem Verzeichnis von Wörtern, deren Schreibweise besonders zu merken ist.
Praktisches Lehrbuch durch Selbstunterricht richtig deutsch sprechen und schreiben zu lernen.
Mit vielen Beispielen, Übungen und Lösungen.
54. Auflage

Edgar Neis
VERBESSERE DEINEN STIL
Eine Anleitung zu richtiger Wortwahl und Satzgestaltung.
Aus dem Inhalt: **Wortwahl:** Flickwörter — Fremdwörter — Artikel — Modewörter — Vermeidbare Flickwörter usw.
Satzgestaltung: Der Satz als Mittel der Kommunikation — Der Satz als Mittel der kreativen Gestaltung u. v. a.

Edgar Neis
INTERPRETATIONEN MOTIVGLEICHER WERKE DER WELTLITERATUR
Band 1: Mythische Gestalten
Alkestis — Antigone — Die Atriden (Elektra/Orest) — Iphigenie — Medea — Phädra

Band 2: Historische Gestalten
Julius Caesar — Coriolan — Der arme Heinrich — Die Nibelungen — Romeo und Julia — Jeanne d'Arc / Die Jungfrau von Orleans — Johann Joachim Winckelmann

Dramatische, epische und lyrische Gestaltungen der bekanntesten Stoffe der Weltliteratur werden mit knappen Inhaltsangaben vorgestellt und miteinander verglichen.
Ein unentbehrliches Hilfsmittel für den Deutsch- und Literaturunterricht

Banges Unterrichtshilfen

Wolfgang Kopplin

Kontrapunkte
> Kontrovers-Interpretationen zur modernen deutschsprachigen Kurzprosa
> Texte von: Kunert — Gregor — Dellin — Reinig — Bichsel — Gerz — Artmann — Schnurre u. a.
> werden in einer Pro- und Kontra-Interpretation vorgestellt. Ein Buch, welches Anregungen zur Entschlüsselung von Texten gibt.

Robert Hippe

Interpretationen zu 60 ausgewählten motivgleichen Gedichten
> 3. Auflage

Robert Hippe

Interpretationen zu 50 modernen Gedichten
> 2. Auflage

Edgar Neis

Interpretationen motivgleicher Werke der Weltliteratur
> Band I: Mythische Gestalten
> Inhalt: Alkestis — Antigone — Elektra — Orest — Iphigenie — Medea — Phädra
>
> Band II: Historische Gestalten
> Inhalt: Julius Caesar — Coriolan — Der arme Heinrich — Die Nibelungen — Romeo und Julia — Jeanne d'Arc — Die Jungfrau von Orleans — Joh. Joachim Winckelmann

Edgar Neis

Wie interpretiere ich Gedichte und Kurzgeschichten?
> 9. erweiterte Auflage

Edgar Neis

Wir interpretieren Balladen
> Materialien zum Verständnis klassischer und moderner Balladen
> 2. Auflage

Werner Brettschneider

Die Jungfrau von Orleans im Wandel der Literatur

Ausführliche Prospekte anfordern

C. BANGE VERLAG · 8601 HOLLFELD